働くことの小さな革命

ルポ　日本の「社会的連帯経済」

工藤律子
Kudo Ritsuko

a

目次

第二章　次世代の働き方「協同労働」

序章　未来を生きるための経済

これまで通りの資本主義経済をただ続けていては、ダメだ。多くの人が、そう思い始めているのではないだろうか。私もそんな人間の一人だ。非正規雇用で不安な日々を送る若者、給食しかまともな食事をとる機会がない子ども、そんな子どもが増えたことにショックを受ける教員、過労死寸前の労働を強いられる会社員、年金だけでは暮らしていけない高齢者、異常な猛暑といった気候危機への対応を訴える若者たち……。彼らは皆、問題の根源は、大量生産と大量消費、利潤を増やすための競争と経済成長ばかりを追い求めてきた経済システムにあると、薄々、あるいは、はっきりと気づいている。

特に、この三〇年余り続いてきた新自由主義的資本主義のグローバル化は、社会に大きな歪《ゆが》みを生み出し、地球規模の格差の拡大をもたらすとともに、環境を破壊し、人類の未来をとてつもなく危機的な領域へと陥れた。それにもかかわらず、人間はいまだに経済成長のためと称する競争をやめず、対立ばかり引き起こし、多くの命がかかった状況まで金儲《かねもう》けに利用する(その典型は、ロシアのウクライナ侵攻やイスラエルのパレスチナ攻撃などで儲ける軍需産業と、それを後押しする各国政府だ)。そうした争いが引き起こす破壊は、地球温暖化をさらに加速させ、人類の希望を容赦なく奪ってゆく――。

このままでいいはずがない。すべてを根本から見直し、変えていく時が来たのだ。

働き方改革と言うけれど

そんな思いを抱きつつ、私はここ数年、就職活動を控えた大学生たちに、よく「働く、とはどういうことか?」という問いかけをしている。大学在籍中から、フリーランスのジャーナリストとして取材活動を続けるなか、既存の経済を身近なところで考えるうえで最も大切なのは、私たち自身の「働く」に対する考え方だと思うようになったからだ。

その問いへの反応を見ていると、「働く」=「就活を通して会社に入る」と考えている学生が、かなり多いことに驚く。大学を卒業すれば、どこかの会社に就職して働くのがほとんど当たり前だった時代とは異なり、今はＩＴ技術を利用して起業するなど、より自由な働き方ができる環境にあるうえ、給料より社会貢献度を優先して職を選ぶ若者が増えているとも聞いていたからだ。それなのに、今でも就活で内定をもらえなければ、自分の存在まで否定された気分になりかねない若者が、まだまだ大勢いるらしい。それは、日本の子どもの大半が、いまだに「よりよい将来のためには、大学を出て、いい会社に入る必要がある」と大人に言われ、学校での競争を勝ち抜き、いい学校へ進学するのが、人として幸せになる道だと思い込まされているからだろう。政府は、教育を通して、効率的で生産性の高い「経済成長に役立つ能力」を持つ人間を育てるために競争をさせ、勝ち抜いた者こそが社会にとって価値のある人間であるかのような空気をつくり上げてきた。その結果、子どもたちの間では、多様な人間同士の認め合いや助け合いがより困難になり、差別やいじめ、不登校が広がり、大勢の若者の人生を狂わせている。

つまり、経済成長ありきの競争社会が私たちに植えつけた「常識」は今、学歴、所得、ジェンダー、国籍、障がいの有無など、さまざまな違いを際立たせ、人々を分断している。そして、その分断は、数々の深刻な社会問題を生み出してきた。中高年まで続く引きこもりの長期化。劣悪な環境で働く外国人労働者への搾取。非正規雇用が多い女性や一人親家庭の貧困。解消されない男女の賃金格差。果ては、「子どもをつくらないから生産性がない」といったＬＧＢＴへの謂《いわ》れのない差別や、重度障がい者は生きる意味がないという人権無視の身勝手な論理による殺人まで起きた。どの出来事の背景にも、経済成長ありきでつくり上げられた歪んだ社会が透けて見える。環境破壊や気候危機も、その歪みの産物だ。この現実を、二〇二〇年三月から加速した新型コロナウィルスのパンデミックは浮き彫りにした。だからこそ、私たちは改めて自覚しなければならない。従来通りの道筋で会社に就職して働き、お金を稼ぐことは必ずしも、豊かな暮らしと幸福な未来を築く道ではないということを。

この国の政府は、そんな歪んだ現実に、いわゆる「働き方改革」で対応しようとしている。

しかし、社会を見れば、その改革が機能していないことは疑いようがない。例えば、人手不足の中小企業の生産性を上げて魅力的な職場環境を築き、必要な人材を集めて利益を増やすというが、その論理の背後にあるのは、「経済成長ありき」のこれまでと同じ考え方。残業をなくして、労働者が有休をきっちり取れるようにするともいうが、就労時間が減れば収入も減るうえ、仕事の中身・量が同じならば、オフィスで残業する時間が減った分、結局は自宅など別の場所で仕事を続けるはめになるだけだ。有休だって、仕事がたまってしまう不安から、むしろ取りたくないという人もいる。あるいは、テレワークを増やせば余裕ができるという理屈も、そもそもテレワークができる職種は限られているうえ、家庭の状況が従来と同じである以上、夫がテレワークで家にいると、かえって仕事が増えると嘆く妻も多い。

「働き方改革」なるもの以前に、日本はまず、社会の意識変革が必要だ。これからの経済や社会はどうあるべきかを考えることなしに小細工をしても、明るい未来は見えてこない。

では、私たちは、これからどんな道を進むべきなのだろうか。

世界で広がる次世代エコノミー「社会的連帯経済」

実は、世界には既存の資本主義経済とは異なる経済をつくることで、誰もが人間らしく、安心して暮らせる社会を築こうと歩む人たちが、すでにいる。「社会的連帯経済（ＳＳＥ＝Social and Solidarity Economy)」と呼ばれる経済を形成する人々だ。社会的連帯経済とは、企業間の競争による利潤の追求とそれを基盤とする経済成長よりも、社会的利益のために連帯して、人と（地球）環境を軸にした経済を指す。さまざまな協同組合やNPO、共済組合、財団、フェアトレード、社会的企業、有機農業、地域通貨のような「補完通貨」の運営などに携わる者が、その担い手だ。

私は、この言葉に、二〇〇八年のリーマンショックによる深刻な経済不況下に置かれたスペインで出合った。不況のなか、当時のスペイン政府がとった政策は、資本主義経済のもとでの経済成長と競争力を維持するための組織＝大企業や銀行の救済で、国民の暮らしを守ることではなかった。公的医療や教育、福祉は、真っ先に切り捨てられた。そんな時、市民がその存在に注目し、広めようと考えたのが、「社会的連帯経済」だったのだ。それ以来、その魅力にひきつけられ、スペインの現場を取材し続けている。国や資本を頼りに与えられた枠のなかでものを考えるのではなく、市民が協力して自らの理想に基づく経済をつくり出している姿に、わくわくするからだ。

そして、二〇二〇年からは、日本国内の「社会的連帯経済」の現場を巡り、スペインに負けないくらい魅力的な姿を捉えて伝えることで、日本でも社会的連帯経済を広めよう、と考えた。それが、本書が生まれるきっかけとなった。

そもそも、この「社会的連帯経済（SSE）」という言葉は、「社会的経済」と「連帯経済」をつなげてつくられたものだ。「社会的経済」は、フランスやスペイン、イタリアといったラテン系欧州諸国を中心に広がっている概念で、「連帯経済」は、ラテンアメリカをはじめとする地域で、より政治的な社会変革を目指す意思を含む形で環境・社会運動と結びついて展開している考え方と言える（一八九頁「コラム　メキシコ・地域に根ざした連帯経済」参照）。どちらも、人々の協同と連帯を通して「既存の資本主義の論理に基づかない経済をつくる試み」である点で一致していることから、結びつけて使われるようになってきた。現在、国際機関でそれを語る時は、SSEという表現を採用しており、欧州では、近年、SSE推進の機運が高まってきた。

欧州は、一九八九年から「欧州社会的経済会議」を開き、SSE普及の道筋を模索してきた。この会議は現在、半年ごとに代わる欧州連合（EU）議長国が主催するもので、二〇二三年一一月中旬には、七月から一二月までの議長国スペインが、サン・セバスティアンで開催した。サン・セバスティアンのあるバスク州ギプスコア県は、世界的に知られる労働者協同組合連合体「モンドラゴン・コーポレーション」の本拠地で、県内の雇用の一〇％以上、工業部門に限れば二〇％以上を、SSEが占める。欧州でも特にSSEが盛んな地域だ。そこでの会議には、欧州一九カ国からSSE関係の行政担当者や事業組織関係者、研究者ら五〇〇人以上が集まった。

欧州のＳＳＥの源流は、一九〇一年にフランスで生まれた「アソシエーション法」にあると、スペインのＳＳＥ事業組織全体を代表する「社会的経済スペイン企業連合（ＣＥＰＥＳ）」の国際関係担当カルロス・ロサーノは説明する。「この法律は、個人の自由意思で、二人以上が利益分配以外の目的のために知識や活動を共有する組織を設立・運営し、その活動への共感者が参加もしくは寄付することを、制度的に可能にしました。それ以降、スポーツや娯楽、福祉、芸術など、さまざまな分野で非営利活動を行う組織が設立されていきます」。

そこに協同組合や共済組合などが加わり、「社会的経済」という概念が誕生したという。だから欧州では、「社会的経済」がＳＳＥを指す言葉として多用されている。

ＳＳＥが欧州で発展してきたのは、「その理念が、ＥＵの基盤である連帯・民主主義・公平な競争という原則にとって、とても重要だから」と、ロサーノは指摘する。二〇二一年一二月に、ＥＵの欧州委員会が、ＳＳＥにおける起業への投資や税の優遇措置、研究や研修の推進などを含む「社会的経済アクションプラン」を作成したことで、ＳＳＥ推進が加速した。それは、新型コロナのパンデミックの経験や気候危機の深刻な現実を前に、既存の資本主義経済システムでは、ＳＤＧｓ（持続可能な開発目標）のスローガンのような「誰一人取り残さない」持続可能な社会を実現するのは不可能だと、官民を問わず、誰もが実感したからだろう。欧州委員会「仕事・社会的権利」担当委員ニコラ・シュミットの言葉を借りれば、「社会から取り残されている人々の状況を改善し、民主的な欧州を築くには、社会的（連帯）経済を広めることが不可欠」ということだ。

EUは、SSE推進を通して、欧州内の地域格差を解消したいと考えている。そのために、パンデミックからの復興だけでなく、その先の「持続可能な社会」の実現に向けて掲げたのが、予算八〇六九億ユーロ（二〇二一年一月当時のレートで約一〇二兆円）の「次世代のEU（Next GenerationEU）」計画だ。〝誰もが暮らしやすい、よりグリーンで、デジタルで、健康的で、逞《たくま》しい、平等な欧州を築く〟その計画において、SSEは大切な役割を担う。

EUでは、二〇二四年時点で、国内総生産（GDP）の約八％をSSEが占める。そこでは約一四〇〇万人の労働者が働いており、これを「二〇三〇年までに二二〇〇万人に」と、CEPES理事長のファン・アントニオ・ペドレーニョは呼びかける。

加えて、SSEが次世代の経済の主役となるために欠かせない要素として、スペイン労働・社会的経済省は、「SSEが普及しやすい政治環境をつくること」の重要性を挙げる。スペイン政府は従来、大企業との間でのみ政策協議を行ってきたが、そこにSSEの代表を迎え入れ、SSEの理念と活動様式を政策に反映することで、企業全体の経営も従来のトップダウン型ではない、より民主的なものに変えていこうというのだ。

EUは、欧州全体として未来のために連帯し、次世代の経済をつくろうとしている。それは、世界レベルでも大きな流れをつくり始めた。二〇二二年六月には、経済協力開発機構（OECD）が、SSEに関する勧告文を発表。それに続いて国際労働機関（ILO）がSSE推進を決議した。そして、二〇二三年四月には、国連総会もSSE推進決議案を採択。つまりSSEの追求は、日本を含む、世界全体の未来をつくる運動へと進化しつつあるのだ。

日本の次世代エコノミーを求めて

ところが、日本においては、まだSSEという言葉も概念もほとんど知られていないという事実に、取材を通して、改めて気づかされた。スペインをはじめとする海外のSSEの事業組織の事例に関心を持つ日本人は増えており、その多くは海外ではSSEと認識されるであろう事業を国内で実践している当事者なのだが、彼ら自身には、自分たちの活動がSSEの一部を形づくっているという自覚が、まだあまりないようなのだ。

日本のSSEに詳しい法政大学大学院連帯社会インスティテュートの伊丹《いたみ》謙太郎教授によれば、日本で強く意識されているのは、SDGsだという。こちらは、教育現場でもメディアでもどこでも、盛んに取り上げられている。SDGsは、「経済・社会・環境」の調和を基盤としたものであるため、日本政府や地方自治体、企業、一般市民にも、受け入れやすさがある。

それに対して、SSEは、万人参加型の民主的な経済を追求することに特徴があるため、市民が連帯して民主主義国家をつくり上げた経験がなく、民主主義の本当の価値をよく理解していない日本人には、なかなか響かないというのだ。

ＳＳＥの仲間だという認識が薄いとはいえ、日本国内で活躍するＳＳＥの事業組織は、すでに多数存在する。まず、農業協同組合（農協）や生活協同組合（生協）など、ＳＳＥの代表的な担い手である「協同組合」は、世界のほかの地域に比べても、長い歴史と大きな経済的インパクトを持っている。日本のＳＳＥを牽引《けんいん》するのは協同組合であろうと、伊丹さんは言う。

「ＳＳＥは、営利追求を目的として設立される一般的な企業と違って、『事業体』と『運動体』という二つの性格を持っています。日本の協同組合は、大規模かつ高い組織力を持つ事業体であるだけでなく、安全な食や福祉の実現、平和運動など、長年にわたり活動してきた力のある社会的運動体でもあります。一九七〇年代から八〇年代には、その協同組合運動が広がり、組合員数は急増、事業規模も拡大しました」

ところが、一九九〇年代から二〇〇〇年代にかけ、国内の社会構造や産業構造が変化するなか、政府による規制緩和政策と世界的な経済のグローバル化の影響もあって、運動体としての活動が弱まる一方で、経済的な事業体としての存続が最重要課題になってしまった。それが、ＳＳＥの主体としての協同組合の存在価値を覆い隠してしまう。その点を、伊丹さんはこう説明する。

「例えば、農協は、組合員が必要な農機具や農薬など農業に関わるものを一手に販売してきましたが、競争相手が現れて、コストや利益を下げないと売れなくなりました。また、各県の生協は、その県内でしか事業が認められていなかったのですが、規制緩和で隣接県まで事業を拡大できるようになったことで、生協間でもさらなる競争に巻き込まれるようになったのです」

つまり、世界の新自由主義的グローバル化の流れと、それに沿った国の経済政策のせいで、日本のSSEの牽引役であるはずの協同組合が、本来の力を生かしきれない状況が生まれてしまったのだ。

その一方で、SSEの担い手として重要な存在であるNPOについても、事業の安定化のために、しばしばその主体性が奪われるようになった。伊丹さんは言う。

「NPOにおいて、自主事業というのは大事な柱です。日本でもかつてNPOやNGO、一般のボランティア組織は、文字通り、市民が理想とする社会をつくるための事業を自分たちで考え、実施していました。一九九八年にNPO法（特定非営利活動促進法）が成立した際は、その活動がさらに活発化することが期待されたのです。ところが、二〇〇三年に地方自治法の改正によって『指定管理者制度』（法人その他の団体を指定し、公的施設の管理を行わせる制度）ができて以来、多くのNPOが〝行政サービスの委託先〟となりました。行政がその地域に必要だと考え、求めるサービスを、行政に代わって実施するようになったわけです」

その多くが小規模で経営が厳しいNPOにとって、スタッフの給料を確保しながら事業を続けるためには、公的事業の受託が欠かせない場合も少なくない。指定管理者制度を活用した結果、NPOの目指すもの、組織の長期的な理念・方針に必ずしも一致するわけではない事業を受託せざるを得なくなるなど、NPOが本来持つべき自律性や運動性が一部削《そ》がれてしまうことになったのだ。

それでも二〇一〇年代以降、流れは変わりつつある。グローバル化のなかで生まれた格差や貧困の問題、気候危機、東日本大震災をはじめとする災害からの復興支援など、多様化・複雑化する社会問題を前に、協同組合などの「社会運動体としての使命」が、再び強く意識されるようになってきたと、伊丹さんは考える。

「複雑化する社会問題を解決するため、協同組合の人たちは、組合員同士だけではなく、地域の市民組織やNPO、自治体など、従来の枠組みを超えてより幅広い組織と連携する必要性を感じています」

実際、生協、農協、漁業協同組合（漁協）などの協同組合は、この一〇年余り、組合員同士の「共益」だけでなく、地域社会全体のことを考える「公益」のための事業や活動を積極的に行うようになってきた。

「例えば、全国各地にある生協は、各自治体や社会福祉協議会（社会福祉法に基づき、社会福祉活動を推進することを目的として全都道府県・市町村に設置されている民間組織）と『地域見守り協定』を結び、宅配事業を通して地域の高齢者の見守り役を担っています。各地域の生協には、日本の全世帯の約三分の一が加入しており、宅配・夕食宅配事業では、毎週同じ曜日の同じ時間に同じ家庭を訪問するため、すぐに異変に気づいて連絡できるからです」

協同組合が、持っている「つながり」を利用した地域貢献を通じて各地域に豊かな市民生活を築いていけば、組合員の「共益」も社会全体の「公益」も実現できる、と伊丹さん。

「海外で先行し広がっているSSEをローカライズし、日本に合った形の『つながりの経済』をつくる。そのために、大きな協同組合組織はもちろん、草の根のNPOなどの小さな事業や活動もつながって、地域のさまざまな組織が連携していくことが、非常に大切だと思います。従来の型にはまらず、柔軟につながっていく必要があります」

地域で相互扶助の経済を生み出している地元仲間の集団まで含めれば、日本のSSEの担い手は、ほかにも存在しており、その裾野は広いと伊丹さんは言う。そうした集団が活動を外へも広げ、横につながっていけば、SSEがもっと拡大するのではないかという期待も、生まれている。

そんななか、日本の「つながりの経済」が、国際的なSSEともつながっていけるような運動に成長するには、労働者が職場に縛られ、ワーク・ライフ・バランス（仕事と生活の調和）をとることが難しい現状を変えなければならないと、伊丹さんは強調する。働き方改革以前の日本社会の意識変革の問題だ。

「ワーク・ライフ・バランス自体、日本では仕事と家庭の両立くらいの意味でしか理解されていません。家庭の時間すらままならないようでは、地域活動やサードプレイス（家庭や職場以外の第三の居場所）は夢のまた夢です。女性のパート雇用や正社員化も進み、男も女もとにかく働け、となっている。それは、日本の戦後の社会が、会社中心につくられてきたからです」

すでに述べたように、日本では、会社中心の社会構造のもとで、労働者は定年まで働ける面倒見のいい企業に雇用されるのが「最善」だと信じる社会意識が広がっている。正規雇用を得られれば、（国ではなく）会社があらゆる面で世話をしてくれる、経済的に豊かで安定した暮らしができるという「常識」が、まだまだ共通感覚となっている。そうした「最善」や「常識」への執着は強く、SSEの主役である非営利組織で働いたり、創意工夫のある自主事業を始めたりはしにくい環境がある現実をまず変えなければ、前進できない。

「日本が〝失敗を許さない社会〟であることが、大きな困難を生み出しています。会社から与えられるレールから外れると、最低限の権利すら保障されない不安定な暮らしが待っている。雇用保険や健康保険などの社会保障も、社会的立場ごとに分けられており、皆が安心できる普遍的な制度ではないからです。欧州では一般に、どんな立場の人かに関係なく、国民全員に必要最低限の権利を保障しています。まずそこを変える必要があります」

つながりの経済に参加する人が増えれば、そこにいる一人ひとりの権利は、「支え合い」を通して守ることができる。そうして得た安心感は、自分の「働き方」と「どんな社会・世界で生きたいのか」を結びつけて考える余裕を与えてくれるだろう。それが世界の運動との接点にも気づかせてくれる。

本書では、この国の次世代エコノミー＝「つながりの経済」＝SSEを形成する人たちを訪ね、「従来の型にはまらず柔軟につながる」ことで、自分たちの自由な発想と工夫による事業を実現することの楽しさとやりがいを伝えてくれる人たちの姿を、可視化する。そして、そこに魅力を感じる市民が、彼らとともにSSEを広めていくという流れをつくりたい。そここで小さな革命を起こすことで、「希望ある未来」を目指し、この社会の変革に挑んでいきたいと思う。

第一章　自分を大切にする働き方

序章で述べたような、世間で言う「最善」を疑い「常識」にノーを突きつける動き。それは、一部の若者の間で起き始めている。雇用労働に限らず、これまでの社会の論理と常識にとことん苦しめられた彼らは、それに自分を合わせることに疲れ果て、ついにそれ自体を自ら打ち破ることで、幸福な未来をつくるべく、動き出した。いわゆる「新しいビジネス」創造のための起業をするというのではない。彼らが追求するのは、「自分を大切にする働き方」だ。その実現のために、若者たちは「労働者協同組合（労協）」に注目している。

一人ひとりが尊重される事業組織「労働者協同組合」

「労働者協同組合」は、そこで働く労働者が自ら出資して設立し、総会や理事会はもちろん、日々行われる話し合いをベースに、皆が協同で運営する事業組織だ。そこで働く組合員の誰もが出資者であり、経営者であり、労働者でもある。だから、賃金の額から事業計画まで、すべてを組合員全員が参加する総会によって決定する。つまり、対等な立場の組合員の協同により、事業を民主的に実施、運営する組織なのだ。細かい定義や原則は、国によって異なるが、すでに述べた点は世界共通のものと言えるだろう。

日本でも、労協の精神と仕組みで事業を行う組織は、何十年も前から全国各地にあり、「日本労働者協同組合連合会（ワーカーズコープ連合会）」や「ワーカーズ・コレクティブネットワークジャパン」などのような全国規模のネットワークも築かれている。第二章で詳しく述べるが、ワーカーズコープ連合会は、ワーカーズコープと呼ばれる労協形式の事業組織の連合体、ワーカーズ・コレクティブネットワークジャパンは、女性中心に立ち上げられた労協、ワーカーズ・コレクティブを束ねる組織だ。

彼らが担う事業は幅広く、清掃や物流関係、介護・福祉関連、学童保育などの子育て関連、食品加工・販売、居場所づくりなど、地域のニーズに応えることを目的とするものが主流となっている。

これに対して、例えばスペインでは、日本とは違って労協の事業内容そのものが、必ずしも直接、地域のニーズを満たすものであるというわけではない。まず「一人ひとりが自分の望む仕事や働き方を実現するため」に、仲間と「労協」という形で事業を起こし、そうした労協がつながって、豊かな地域をつくるのだ。

どちらの場合でも、労協の組合員は、労協はもちろん、地域のあらゆる人・組織と協同で、地域社会の未来のために働く「協同労働」と呼ばれる働き方を大切にする（「協同労働」の詳細は、第二章で紹介）。

つまり、労協は何より、民主的な運営のもとで、一人ひとりの意思が平等に尊重される協同労働の事業組織なのだ。既存の資本主義経済の枠内にある組織が、（たとえ独自の起業であっても）市場競争や組織内でのそれぞれの立場と給料の違いを意識せざるを得ないのとは、大きく異なる。だからこそ、世の主流である「会社組織に雇用される働き方」に疑問を抱き、ノーを突きつける若者は、労協へと導かれていく。

不登校からの気づき

東京で映像制作の仕事をする石本恵美さんは、子ども時代、中二で不登校になり、フリースクールのさきがけである「東京シューレ」に四年通った。シューレは、不登校がまだ「登校拒否」と呼ばれ、不登校の子どもがひどく差別されていた時代からずっと、子どもたちが自分らしくいられる学びの場を提供してきた組織だ。

「そこで初めて、学校に行かないという生き方もあるんだと知り、気持ちが楽になりました。それでもまだ、〝自分には価値がない〟と思い込んでいて、自信を持ちきれませんでした」

そんな時、シューレ初期のスタッフで教育社会学者の朝倉景樹《かげき》さんに、あるプロジェクトに誘われる。シューレのスタッフが、一八歳をすぎてからも自分らしい生き方を見つける学びを続けたいと望む若者とともに、自由な大学を立ち上げるプロジェクトだ。石本さんは、その仲間に加わり、設立・運営に必要な予算、それに見合った学費、カリキュラムなどを、学生仲間やスタッフ全員で話し合って決める過程に関わる。

「そこでは主体的に、人と生きる楽しさを知りました」と、石本さん。

そして、一九九九年、「シューレ大学」が設立された。

「大学では、映像表現とも出合い、映像を通して社会と関わり、社会をよくしていきたいと思うようになったんです」

石本さんのそばには、同じように不登校から気づきを得た仲間が、ほかにもいる。

「中学時代、長髪だった友人のために丸刈りを強制する校則に反対したところ、誰にも味方になってもらえず孤立して、不登校になりました」

そう話すのは、長井岳《たけし》さん。その後、「不登校になるのは弱い人間だ」と思いつめ、「強くなるため」に働こうと、地元福島で水道工事の仕事に就いた。ところが、労働現場にも学校と同じように「上が決めた仕組み」があることに気づき、次第に追いつめられていく。その息苦しさは、上京して夜間大学に通い始めてからも、続いた。アルバイトの現場で、「枠に合わせないと排除される」という不安が増していき、ついに大学を中退してしまう。

「『不登校』をまずしっかりと考えなければ、自分の問題を乗り越えられない。そう気づいて、いろいろな不登校関係のイベントに参加しました。そのうち、シューレ大と出合ったんです」

シューレ大学のイベントでソーラーカーを製作していると語る不登校経験者の話を聞いて、不登校に対するイメージが変わった。

「不登校を経験した人でも、そんなすごいことができるんだ。そう驚くと同時に、一緒にソーラーカーをつくりたいと思ったんです」

そこでシューレ大学に入って、ソーラーカー製作に挑戦。仲間と鈴鹿《すずか》の耐久レースにも出場する。その過程で「いろいろな人の思いを乗せたものをつくる楽しさ」を知り、そこから演劇にも取り組んだ。「特別な人間にしかできない」と思い込んでいたことは、誰にでも挑戦できることだと気づいたからだ。

「その頃からずっと（シューレ大学の講座「生き方創造」で始めた）『自分研究』を続けています。自分のなかにある学歴コンプレックスはどこから生まれたのか、ということから考え始め、次第に世間の枠組みではなく、自分のなかの声を大切にできるようになってきました」

働くのが辛《つら》いと感じていたのも、枠にはまった働き方しか思い浮かばなかったからではないか。長井さんはそう考え、別の働き方を調べていくうちに、労働者が皆で出資、経営し働く労協の「協同労働」を知る。

「『自分研究』とシューレ大で出会った仲間、そして協同労働に見られるような自分から始まる働き方との出合いが、今の生き方を可能にしてくれました」

自分から始まる生き方を見つける

長井さんの気づきの原点となっている講座「生き方創造」は、朝倉さんが二〇二〇年八月からシューレ大学の発展型としてつくった「ＴＤＵ　雫穿《てきせん》大学」で続いている。

ＴＤＵを取材に訪れた日、そこでは、朝倉さんと学生一五人（内三人はオンライン参加）が、ロの字に置かれたテーブルを囲んでいた。床に座ったり腹ばいになったりして参加する人もいる。この日は二人がそれぞれ「発表」を行い、参加者と意見交換をした。

「私にとっての幸福は何か」という発表では、ＴＤＵで得ている生きる実感と、将来そこを離れた後の自分に対する不安、さらに「親の（学費）投資」に報いる形で生きていくためにレベルアップしなければと思うこと、などが語られた。共感する声や、「幸福は、自分がどう生きたいのかをもとに考えるのが、近道では」といった意見が出る。

もう一人の「二つのわたし、ひと」という発表では、家族に否定されていた過去の自分に影響され、必要以上に他人の目を気にする今の苦しみが、語られた。「価値のない人間とされている過去の自分を、今の自分が肯定的に捉え直してみては」といった提案がされる。

講座の様子からは、石本さんや長井さんが、他者との対話を通して、自分の不安や苦しみのもとを探り、理解していくことで、自己否定から抜け出し、「自分から始まる生き方」を見つけてきた過程を垣間見る《かいまみ》ことができた。彼らもかつて、この日の学生たちのように、仲間に自らをさらけ出し、理解され、理解しようとするなかで、自分の生きる道を探していたのだろう。その結果、仲間と学び、支え合いながら、働き、生きることのできる場を、自分たちで生み出すに至ったのだ。

仲間とともに自分らしく働ける場「創造集団440Hz」

閉塞感のある社会で生きたいように生きる――そんな言葉を掲げて、映像・デザイン制作組織「創造集団440Hz」は生まれた。「創造集団440Hz」という名は、国や人種に関係なく、生まれたての赤ん坊の産声は440Hzだという話をもとに、「生まれたての赤ん坊がお腹《なか》の底から泣く時のような根源的なところから仕事をし、表現をして生きていきたい」という思いでつけられた。最初は株式会社として設立される。

二〇二一年四月の取材当時、440Hzでは、代表取締役（兼代表理事）で映像制作担当の石本さんと企画とウェブ担当の長井さん、それにデザインとウェブ担当の信田《のぶた》風馬さんが、独自の事業を展開していた。

オフィスは、都内の小さなビルのワンフロアにある。入って左手は、長方形に長机と椅子が置かれたミーティングスペース。右手には、「よくここでご飯をつくっている」というキッチンと、作業スペース。一番奥には、もう一部屋、ミーティンググルームが確保されている。

　取材の日、作業スペースでは、石本さんが映像編集に取り組んでいた。４４０Hzが制作してきた映像作品シリーズは、世界の教育、放射能、平和といった社会的テーマを扱っている。どれも、メンバーがシューレ大学で培ってきた問題意識に端を発するものだ。自らの体験を通じて湧いた学校制度・文化への疑問、東日本大震災で痛感した放射能に関する正しい知識の必要性などが、制作意欲をかきたてた。石本さんは言う。

「取り上げたい企画は、各自がプレゼンテーションを行い、皆で話し合って決めていきます」

　シリーズ作品は、主に大学図書館に販売している。ほかにインターネット・ケーブルテレビの番組制作なども行う。パンデミック以降、オンライン会議のサポートの仕事も増えた。

　同じスペースの奥では、信田さんが、パソコンで仕事をしていた。ウェブサイトやチラシ、パンフレット、カレンダー、名刺などのデザインを手がける。

「僕の名刺も、４４０Hzでつくったんです」と、長井さん。その名刺には、レンガ色の紙に白抜きで出身県福島の地図が描かれている。「透かしてみてください」と言われて光にかざすと、地図の真ん中右寄りに、人の形が浮かび上がった。「その辺りが僕の出身地なんです」。

　午前中には、広いミーティングスペースで、スタッフとアドバイザーを務める朝倉さんによるスケジュール会議も開かれた。長井さんが進行役となり、グーグルカレンダーを使って、全員が日程表を共有しながら話を進める。大学のゼミのような雰囲気のなか、各自が自由に発言し、進行中の業務の確認をしたり今後の予定を話し合ったりする。長井さんが「パンフレットの仕事が進まない……」と漏らすと、朝倉さんが「長井くんのやることを、皆で明日の夜にでも整理してみたら？」と提案し、さっそく予定に入れられる。自己責任ではなく、支え合いが重視されている。

この日の会議では、TDUの学生の状況や授業内容についても話し合われた。440Hzのメンバーは、TDUの学生の相談役的存在で、講師もしており、講座や行事の企画にも関わっているからだ。

また、新たな事業として、不登校の子を持つワーカーズコープの職員とその子どもをサポートする「リゾームスクール（家庭など自分の選んだ場所で学んでいくプロジェクト）」も始めていた。朝倉さんと石本さんが、不登校の子どもやその親が学校とどのように関わればいいのか、家庭学習はどう進められるのかなどの相談に乗り、子どもの自由な学びを支えるのだ。二人は、午後、ミーティングルームで一時間ほど、相談に来た母親と話をしていた。

440Hzは、この取材の数年前からワーカーズコープ連合会の人たちと連携しており、二〇二二年にはその会員になり、その後、労協の法人格を取得した。生きづらさを抱える若者支援組織の大会で声をかけられ、交流を深めるうちに連携することになったワーカーズコープ連合会との出合いは、440Hzにとって、新たな扉を開くものだった。

働くことは、生きること

「ワーカーズコープでは、働く人が主体的に自分の仕事を仲間と協同しながらつくっています。その〝働く〟という部分を〝学ぶ〟に置き換えると、私たちが身につけた学びのあり方と一致するんです。そういう意味で協同できる面が多いと思います」

取材当時、石本さんはそう語っていた。

シューレに通った若者の働く場として、親たちが株主となってつくられた会社の枠組みを引き継いだ440Hzは、最初、株式会社の形をとっていたが、より多くの株を持つ者がより大きな発言力を持ち、利益を上げて配当金を出すという株式会社の形態は、本来、440Hzに合っていなかった。「労協」のほうが、親和性があるのだ。

「ワーカーズコープにおいても、それぞれの事業はいろいろな悩みや当事者主体ならではの葛藤を抱えながら、運営されているように感じます。僕たちと似ている」と、長井さん。

石本さんも、「同じ会議に出たり、一緒に仕事をしたりするなかで、互いのことがよりよくわかってきました」と話す。

二〇二一年六月中旬、ワーカーズコープ連合会の定期全国総会の会場には、440Hzの三人

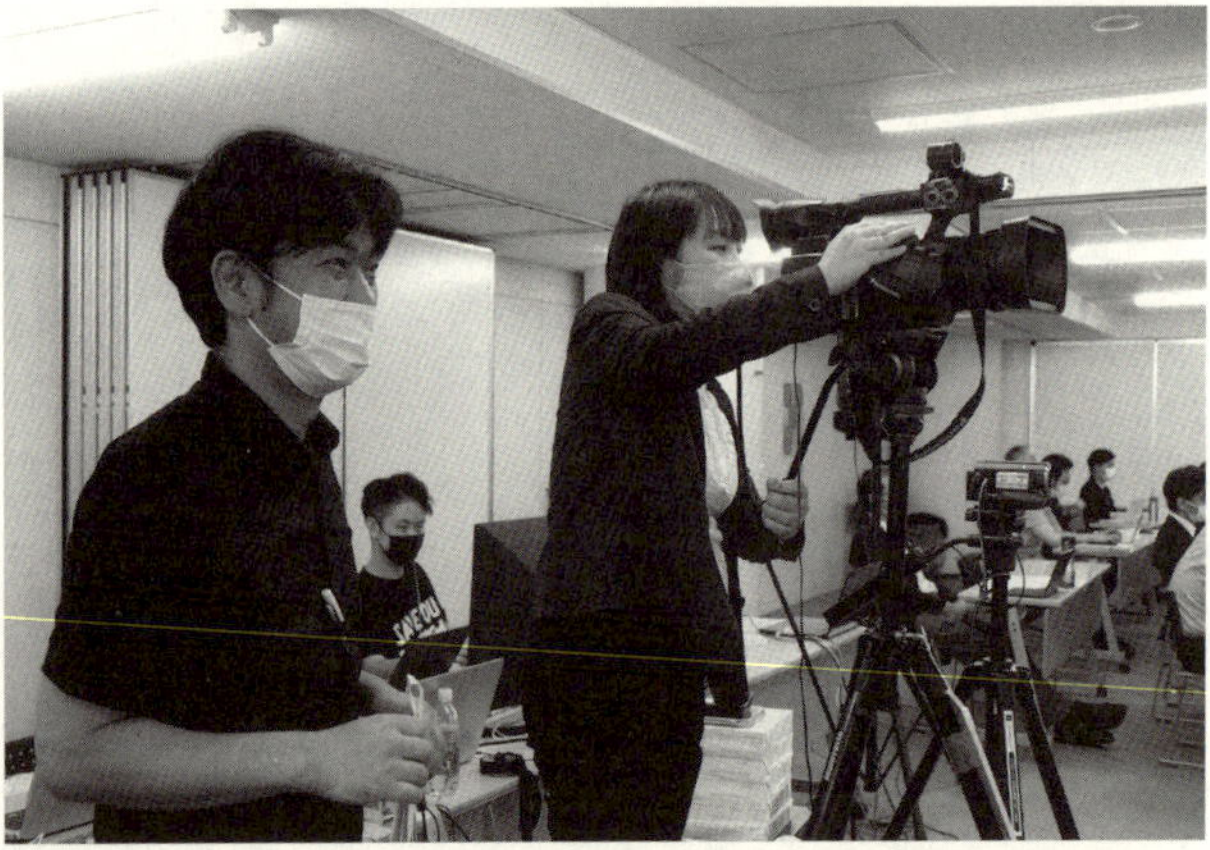

ワーカーズコープ連合会の総会で撮影や演出を行う440Hzのメンバー

の姿があった。オンライン併用で行われる総会の運営サポートを任され、石本さんがカメラ、長井さんが演出、信田さんがテロップと音声を担当している。隣に座ったワーカーズコープ連合会本部スタッフと言葉を交わしながらパソコンに向かう信田さん、高い位置に据えつけたカメラを台に乗って操作する石本さん、ワーカーズコープ連合会の人たちと気さくに撮影の段取りを確認し合う長井さん。

会議終了後、ワーカーズコープ連合会本部のスタッフに、「４４０Hzがつくったオープニングビデオ、とてもよかったです」と声をかけられた石本さんから、笑みがこぼれた。

「こうした出会いとつながりから生まれた仕事が増えています。仕事が多くなって、仲間が増やせるといいなと思います」

正式な労協となった現在、ワーカーズコープ連合会やワーカーズ・コレクティブのネットや映像を使ったイベントや会議の場では、いつも４４０Hzのメンバーを見かける。つながりから、仕事の幅が広がっているようだ。

「私たちは、働くことと生活することが一緒になっているんです。お金につながらなくても大事な仕事もある。何より人生の時間の使い方を自分自身で決めているので、楽しいんです」

非正規労働が増え、低賃金が問題となっている社会において、働くことそのものが、単なるお金儲けや生活費稼ぎではなく、自分らしく生きることにつながっていることが、４４０Hzのメンバーにとって、大きな価値となっている。彼らはこれからも、自分らしく生きるための協同を、幅広いつながりのなかで深めていくことだろう。

「月一〇万稼げれば生活は成り立つ」

収入第一ではない、働き方の選択。それを実践する若者は、大阪にもいる。

二〇一九年六月、私はある会合で木澤《きざわ》寛治さんに初めて会った。「生活の『ちょっと困った』わたしたちにお任せください」。そう書かれたチラシを手に、当時三一歳だった木澤さんは労協形式で若者たちが働く場をつくる話を聞かせてくれた。

「とりあえず、組合員一人ひとりが月一〇万円くらい稼げれば生活は成り立つと思うんです」

そう語る木澤さんは、配送や引っ越し、庭木の剪定《せんてい》など、生活のなかのさまざまな便利仕事を引き受け、仲間と分担しながら働いていた。企業に雇われて働くのではなく、地域の人とのつながりのなかから自分たちで仕事をつくり出す。木澤さんは、なぜそのような働き方にたどりついたのか。

「僕は一五歳で高校を中退して、大工である父親の仕事の手伝いなどをしていました。父親の『一人親方』という仕事のスタイルからは影響を受けたと思います」

中学の先輩が経営する外壁塗装の会社でも働いたが、その仕事のあり方は自営の大工とは異なっていた。元請け会社に気を遣いながら仕事をしなければならない「下請け」のしんどさを知ったという。高校中退だった木澤さんは、下請けとして働くなかで学歴社会の現実を目の当たりにし、高校の勉強をし直して大学へ進学する。

「大学のサークルでは、仮設住宅でのコミュニティづくりを支援しながら、反原発の立場から原発での被曝労働の問題にも取り組もうとしていました。その活動を通して、(原発を含む)建設業界の重層的な下請け構造を明るみに出し、変えていきたいと思っていました」

ともに事業を立ち上げる仲間となる鈴木耕生《こうき》さんとは、そのサークルで出会う。

鈴木さんは、高校を卒業してから二年間カナダへ行った後、帰国して大学に入った。海外の貧困問題や国内の社会運動などに関わるうちに、豊かだと言われる日本が抱える問題に気づいたという。

「今の日本では、若者の多くが非正規で働いていると言われています。僕たちの世代は、保障も何もないまま、ただ社会に放り出されているんです」

二人はそんな日本社会を、「不幸しか待っていない社会」と表現する。

「非正規」「ブラック」……不幸しか待っていない社会

今の若者はとにかく孤立している。生活のために、とりあえず採用されたブラックな会社に入って過重労働や人間関係に悩まされるか、非正規の最低限の収入で消費を抑えて暮らすかという、追い込まれた状態の人が多数派ではないか。彼らはそう考えた。

そんな現実を前に、少しでも社会を変えるための影響力を持つにはどうすればいいのか。サークルでの活動に限界を感じながら模索するうちに、「自分たちが好ましいと思う仕事のあり方を具現化し、実際に自分たちで仕事をつくり出していくほうがいいのではないか」と、木澤さんは考えるようになる。

木澤さんに、労協という働き方や事業のあり方にたどりつくヒントを与えたのは、NPO法人「関西仕事づくりセンター」だ。同センターは、リーマンショックが起きた二〇〇八年に、仕事の紹介や職業訓練などを行う組織として、複数の労働組合などが協力して設立された。設立に関わった組織とつながりのある個人・会社などからポスティングや引っ越し作業、農作業などの仕事を受注し、それを労働組合の組合員や野宿労働者らに紹介する「仕事づくり」の活動を通して、相互扶助を軸とする地域社会を築こうとしていた。

センターから単発の仕事を請け負っていた木澤さんは、「こういうやり方もあるのか」と気づき、自身の人脈を生かして、必要としている人に安定的に仕事を提供する活動を自ら行うようになる。その後、そうした活動を事業化して、鈴木さんとともに二〇一九年一〇月、「北摂ワーカーズ」を立ち上げた。

自ら、人に合わせて仕事をつくる「北摂ワーカーズ」

立ち上げにあたっては、関西一円で有機食品などの生産・加工・配送・販売を行う「関西よつ葉連絡会　よつ葉ホームデリバリー」をはじめ、センターに関わるさまざまな組織とのつながりが助けになった。

現在、北摂ワーカーズが行っている事業は、よつ葉ホームデリバリーの配達ドライバーや剪定などの植木仕事、住宅リフォームなどの大工仕事、郵便物の回収や空気の入れ替えなどを行う空き家の見回り、若者の生活支援NPOの食料梱包《こんぽう》・配達作業など、多岐にわたる。鈴木さんは、「事業を通してメンバーといろいろな人とのつながりが生まれています。そのつながりから、また新たな事業が生み出されていく」と話す。

設立から数年間は、主に木澤さんが持つ人脈を通じて仕事を獲得し、それをメンバーで分担してきた。その後は、事業別に担当者を決めて運営し、関わるメンバーの関心やニーズに合わせて仕事を増やしている。

「仕事のために人をつくるのではなく、人に合わせて仕事をつくるんです」と、木澤さん。

そうした考えは、北摂ワーカーズが労協方式で運営されているからこそ、生まれたものだろう。北摂ワーカーズでは、労協の仕組みに則《のっと》り、メンバー同士が雇う／雇われるという関係ではなく、「組合員」として全員が出資し、毎月五〇〇〇円の「組合費」を納め、みんなで事業を動かしている。ただし、まだ組合費を納めるのは経済的に厳しいメンバー（サブメンバー）は、納めなくてもいい。運営方針については、月一回以上行われる運営会議でメンバー全員で話し合って決める。月一回の会計会議では、組織の財政状況を確認し、仕事の報酬もその場で各自に手渡される。つまり、その定款に謳《うた》っているように、この組織は「分断と競争に代わる、団結と協同の実践の場」「民主主義の訓練の場」であり、活動を通して「自らの発展が社会全体の発展となるような、平等と協力を前提とした経済を求める」という理念で動いているわけだ。

人間らしく働ける場

二〇二三年二月、取材で大阪を訪れた日曜日の午前中、鈴木さんはよつ葉ホームデリバリーの依頼で店舗に棚を設置する仕事をしていた。定休日の店舗の前で、鈴木さんと二〇代の最年少メンバーの山本千紘《ちひろ》さんが、あらかじめ用意された組み立て式のスチール棚を二つ組み立てていく。兄妹で引っ越し作業でもしているかのように、和やかな光景だ。

午後は、私用で来られなかった山田遼介さん以外のメンバー五人全員が、この取材のために事務所に集まってくれた。そのうちの三人は、木澤さんもよく知る大阪市北区中津のシェアハウスに関わったことがきっかけで知り合った仲間だという。

市野新一朗さんは、神戸での学生時代は政治に関心を持ち、反原発や集団的自衛権反対のデモなどに参加していた。好きな絵を描いたり旅をしたりするために二年間休学した後に、大学を卒業。企業に就職する同級生を横目にそうした生き方に疑問を感じ、アルバイトで働き続ける。そんな時に出会った木澤さんに、植木の剪定の仕事をやらないかと誘われ、北摂ワーカーズに参加した。

「木工や植物などが好きなので、植木仕事にはとても興味がありました。何より協同労働、協同運営という理念で一緒に働いているという感覚が、魅力です。普通の会社に就職した友達は、社内の上下関係などに苦しんでいますから」

最近はプログラミングの訓練校に通っており、そのスキルを新たな事業につなげたいと考えている。

「ストリートダンスがライフワーク」と語る山本晋一郎さんは、大学でストリートダンスを始めてから、身体表現に興味を持つようになった。ダンスに夢中になった末、それを続けるために普通の就職は考えられなくなる。

「そこで、シェアハウスに暮らしながら、そのシェアハウスの関連の弁当屋で働いていました。週三日働けば住まいと食べ物には困らない。プラス週一でアルバイトをすれば、好きなダンスが続けられたので」

ところが弁当屋は、もめごとが起きて閉店。「その際行われた話し合いに、調停役として現れたのが、木澤でした」と、笑う。弁当屋の仕事を失った後は、その関係者に紹介された労協で一年間、植木仕事をした。その後、食に関わる仕事に憧れ、木澤さんの伝手《つて》で鹿児島県徳之《とくの》島町《しまちょう》の地域おこし協力隊の手伝いとして一年間、農業に携わった。

「大阪に戻った時、僕にもやれることがあるならという気持ちで、北摂ワーカーズに入りました。植木事業全体の統括を担っていくつもりです」

前出の山本千紘さんは、山本晋一郎さんのパートナー（以下、千紘さん、晋一郎さん）。兵庫県丹波篠山《たんばささやま》市出身で、高校卒業後に一旦地元で事務職に就いたが続かず、単身大阪へ。経済的に厳しい状況に直面していた時に、晋一郎さんと知り合う。そして、徳之島町へ同行。大阪に帰ってからは、北摂ワーカーズの事務所の下の階に住むようになり、次第に仕事にも関わるようになった。

「今は、(よつ葉ホームデリバリーの)配達の仕事がすごく楽しいです!」

そう笑みを浮かべる千紘さん。子どもの頃から両親との確執に悩み、自傷行為を繰り返すなか、自分の気持ちを率直に話せる環境を必要としていたと明かす。

「精神面での相談ができる職場って、なかなかないんですよね。ここではみんなが仕事を根気よく教えてくれるし、あたたかく接してくれる。おかげで精神的に成長できました。私と同じような生きづらさを抱えている若い人は、多いと思います。人間らしく働ける場がもっと必要なんです」

自分らしく生きるための「保障」

非正規雇用やブラック企業など、問題だらけの若者の労働環境を変えようとする北摂ワーカーズの取り組みは、「労働の常識」を変え、若者たちが働き生きることをもっと素直に楽しめる環境を築いていけるのではないか。メンバーの話からは、そう感じられる。

ただ一方で、正式な労協ではなく任意団体であることにより、多くの非正規雇用やフリーランスと同様、労災や失業時の保障は自分で考えるしかない。フリーランスとして活動する私に、「そんなふうに生きたい。でも何の保障もしてくれない世界へ飛び込むのはためらわれる」とこぼす若者たちにこれまで何度も出会ってきたため、保障についてメンバーたちはどう考えているのかが気になり、聞いてみた。すると、わずかな沈黙の後、まず晋一郎さんがこう答えた。

「人は、保障があるから生きやすい、幸せだというわけじゃない。たとえ保障があっても、働く組織内の人間関係が最悪ではどうしようもないじゃないですか」

木澤さんもこう続ける。

「(保障に)お金だけ出しても、本当の意味で支えているとは言えないのではないか。誰かが北摂ワーカーズを辞めることになっても、その人がその後の人生を生きていけるように、仲間が協力し合って動く。それができることこそ、大切でしょう」

金銭的な保障以上に人間のつながりこそが重要だと強調するメンバーの話に対し、市野さんは、独自の保障の形を思い描く。

「北摂ワーカーズのような相互扶助の組織で、どのように保障をつくり出していけるか。例えば、共済組合のような形で、軽いケガや病気であれば対応可能なようにできないか」

それらの声を受けて、鈴木さんは言う。

「将来的には自分たちで自分たちを保障するような仕組みが、ここにある〝互いの生活を気にかける文化〟のなかから生まれてくると思います」

設立から三年半となる二〇二三年四月、北摂ワーカーズは新たなステージに入った。それまでリーダーとして事業全体を統括していた木澤さんが、本格的な大工仕事を身につけるために、北摂ワーカーズを出たからだ。それからの一年間は、メンバー一人ひとりが自分の担当・統括する仕事を持ったうえで、全員での話し合いを通じて事業全体を運営する体制を整えるために、費やされた。それは「大変だった」が、得たものも大きいという。

例えば、運営会議は、それまでのように集まった時点で話し合いを始めるのではなく、事前に報告内容や個人的な相談などをネット上で共有、認識したうえで開催することで、全員の理解が深まり、会議をよりスムーズに進行できるようになった。時間の余裕は、メンバー同士の近況報告に使っている。

加えて、千紘さんの提案で、アサーション（自分も相手も大切にした自己表現・自他尊重のコミュニケーションの方法）を学び始めたことで、話し合い自体も、より対話的で心地よいものになったと、メンバーは話す。

「〝正しいことを言わなければ〟という緊張や不安のせいで、率直な意見が言えないということがなくなりました。みんなが自分の感じたこと、思ったことをそのまま伝え、ひとの意見も

事務所で自分たちの考えを語り合う「北摂ワーカーズ」のメンバー

ありのまま受け止める形での対話を、身につけられたんです。それは、自分自身に対する理解にもつながっています」

　そのことは、二〇二四年七月に開かれた活動報告会の中身にも反映されていた。報告会では、北摂ワーカーズに事業を委託している事業組織やともに働く仲間、活動を応援する人たちを前に、正組合員（組合費を納めているメンバー）の鈴木さん、晋一郎さん、千紘さん、山田さんが、まずそれぞれの担当事業部門について報告。行き場を失った若者を支援につないだり、クリーニングサービスの仕事を始めたりと、つながりを通じて新たな取り組みが生まれていることや、サブメンバーが増えたことで細かい仕事の割り振りもできるようになったことなどが、語られた。それから財政報告の後に、「わたしの報告」

と題し、各メンバーが個人的な活動や今の心境を、一人ずつ語ったのだ。

活動報告会の参加者のなかには、「わたしの報告」こそが一番聞きたかった話で、「そこで働く一人ひとりにとって生きやすい労働の場がつくられているか、今日は参加していないメンバーはどうしているのかなどを、もっと報告してほしい」と、リクエストする人もいた。北摂ワーカーズの「生きるための保障」が、自分たち自身が互いを気にかけるなかから生まれるのだとすれば、まさに的を射た声だ。

大勢の応援団や仲間に囲まれている、北摂ワーカーズ。彼らは、単なる労働の場ではなく、そこで働く人それぞれが、自分の悩みや弱みと向き合い、それを仲間とともに乗り越えていく場、自分らしく生きる場を、協同でつくり保障していくために、一歩ずつ前進している（ちなみに、木澤さんは、大工の修業期間が終わったら、また新たな形で協同労働の場を広げていくのではないか。私はそんな予感がしている）。

第二章　次世代の働き方「協同労働」

前章で紹介したように、若者たちは、これまでのような会社勤めが常識という社会や経済のあり方に対するオルタナティブ（代替案）を、「労働者協同組合（労協）」のなかに見出《みいだ》している。そこには資本主義経済システムに支配されるばかりではない、自分らしい働き方を実現するための環境がある。

日本において、ワーカーズコープやワーカーズ・コレクティブのような「労協」と呼ばれる組織自体は、すでに四〇年以上前から活動しているわけだが、その存在が一般にも注目されるようになったのは、ごく最近のことだ。きっかけは、二〇二〇年一二月の「労働者協同組合法（労協法）」の成立と、二〇二二年一〇月の同法の施行だろう。

日本に「労協法」が成立

実は、二〇二〇年一二月以前、ワーカーズコープ連合会やワーカーズ・コレクティブネットワークジャパンなどに所属する組織のどれ一つとして、法的に「労協」として登録されているものはなかった。労協のための法律がなかったからだ。

日本では、従来、協同組合に関する法律は、組合の種類別につくられてきた。農業関係は農業協同組合法、漁業は水産業協同組合法、コープのような消費者組織は消費生活協同組合法、中小の事業は中小企業等協同組合法と、バラバラに四つの協同組合法があり、それぞれの根拠法の所管庁も農林水産省、厚生労働省、経済産業省と分かれている。これに対して、労協には、適用される法律がなく、皆、任意の団体やほかの法人格（ＮＰＯ法人や企業組合、株式会社など）のような、法的には労協とは別の枠組みで設立・運営されてきた。ところが、そこには大きな矛盾があった。

前章の若者たちの取り組みを見てもわかるように、そもそも労協はその事業に携わる労働者自身が自主的かつ自律的に事業を運営し、利益は個人のためではなく協同組合の活動目的を達成するために使われる非営利組織であるのに対して、例えば株式会社は、営利組織であり、出資者（株主）は必ずしも労働者ではなく、運営にも労働者全員が関わるわけではない。そのうえ、利益は、株主に配当される。また、同じ非営利組織でも、ＮＰＯの場合は、スタッフが出資することは禁じられており、運営資金はもっぱら助成金や公的事業の委託費、寄付金などを頼ることになり、事業内容も限定される。

つまり、労協とは別の法人格でいる限り、労協を名乗りながらも、実際の組織形態はピラミッド型にならざるを得ない、活動資金は外部に依存しなければならないなど、組合員自身の信条に反する形で組織を運営しなければならない状況が続いていたわけだ。それに対して、ワーカーズコープ連合会やワーカーズ・コレクティブネットワークジャパンらは、二〇年以上にわたって国に労協法の制定を求めてきた。

「二〇〇七年から多くの自治体が、労協法を早くつくってほしいという意見書を採択していたんです」

ワーカーズコープ連合会の事務局長の高成田《たかなり》健《たたけし》さんと、一般社団法人「協同総合研究所」の事務局長の相良《さがら》孝雄さんは、そう明かす。特に、ワーカーズコープやワーカーズ・コレクティブの事業が活発に行われている千葉県や埼玉県、長野県、栃木県などでは、全市町村で意見書が採択されており、法律成立時点で全国九五四の自治体（ワーカーズコープ連合会調べ）が労協法を求める意見を表明していたという。ワーカーズコープやワーカーズ・コレクティブの長年の実践を通して、労協が、地域を活性化させ、持続可能な社会をつくるのに役立つということが伝わっていたからだろうと、二人は考える。そして二〇二〇年末、ついに労協法が成立し、二〇二二年一〇月に施行された。

「地方創生だとか一億総活躍だとか言われていますが、地域が元気になるには、その住民、市民が民主的かつ主体的に働く場をつくり出していくことが大切です。それを可能にするのは、労協だということが、ようやく理解されたのではないか」と、高成田さん。

相良さんもこうつけ加える。

「自助、共助、公助と言われるなか、地域コミュニティが担う『共助』の部分で力を発揮できる主体として、地方では労協に期待が寄せられていると思います。『協同労働』という考え方で働けば、労働を通じて住民同士のつながりができ、地域への理解も深まって、そこからまちづくりの担い手が生まれてくるからです」

「協同労働」とは何か

「協同労働」。それは、労協法が成立して以降、メディアなどでも広く紹介された、既存の労働のあり方とは異なる「労協での働き方」を示す言葉だ。

労協法は、「多様な就労の機会」の創出と「地域における多様な需要に応じた事業」を促進することを直接的な目的とし、その先に「持続可能で活力ある地域社会」を実現することを掲げているが、その基本原理として、次の三点を挙げている。①組合員が出資、②組合員それぞれの意見を反映した事業運営（平等・民主的）、③組合員が事業に従事。その定款には、組合員一人ひとりの意見反映の方法を明記しなければならず、一年間の意見反映の成果を総会で組合員に報告することが、理事に義務づけられている。また、企業と異なり、余剰金が生まれても、それを協同組合の事業や将来のために積み立て、利用する「非営利性」が重視される。このように、企業のような競争による利潤追求ではなく、協同することで社会全体を豊かにする働き方こそが、「協同労働」だ。

協同労働の根底には、労協で働く組合員同士、仲間同士だけでなく、彼らの事業を利用する人たちや活動する地域の住民といった幅広い人々の間、すなわち社会全体における協同と連帯を生み出していこうという意志がある。労働の場に限定されない支え合いで、市民主体の地域づくりを可能にし、誰もが安心して暮らせる社会＝持続可能で豊かな社会を築く。それが協同労働の精神だろう。

その精神は、例えば経済不況で失業問題が深刻化した際には、「（会社に）雇われる者」の意識を克服し、大勢が連帯して働く場をつくることで、自らが現場の主人公になろうという運動を生み出す。非正規雇用のような不安定な就労ばかりが拡大し、パンデミック時のようにその脆弱《ぜいじゃく》性が浮き彫りになると、「人間らしく働く機会をつくろう」と考える人々の連帯を促すことになる。その結果、より主体的な市民が育ち、その協同のなかから新たな労働の場、生産の場、消費の場、地域社会が築かれていく。つまり、協同労働は、真の民主主義社会の基礎を築く営みでもあるわけだ。

その精神と歴史を担ってきた二つの組織について、簡単に紹介しよう。

失業者を守るために生まれたワーカーズコープ

ワーカーズコープ連合会は、一九八六年に労協の形式で動き出した組織だ。そこでは二〇二三年現在、約一万五〇〇〇人が働いている。労協の形をとる一〇年以上前、一九七一年から全国展開していた事業の始まりは、第二次世界大戦後の日本社会が抱えていた問題と深く関係している。この点について、ワーカーズコープ連合会の理事長、古村伸宏さんは、あるインタビューでこう説明している。

「活動の発端は、第二次世界大戦後の失業対策事業です」

戦後、当時の政府は、急増していた失業者を、インフラ整備の公共事業の日雇い労働者として直接雇用し、復興事業に従事させるという対策を打ち出していた。その事業で働く労働者の賃上げや待遇改善のために組織された労働組合が、ワーカーズコープの前身だという。ところが、一九七〇年代に入って高度経済成長が停滞するなか、事業が縮小されたり、打ち切られたりして、復興事業の労働者は再び仕事を失うことに。政府の事業で働いていた人たちの賃金は税金で賄われていたため、彼らの失業に対する世間の目は冷たかった。

そこで労働組合は、事業を行っている地域の住民にもきちんと評価され、労働者自身もやりがいを感じる「よい仕事」をする存在になるべく、誰かに雇われるのを待つのではなく、主体的に意欲を持って働けるような組織のあり方を探り始める。そして、一九七一年から一九八六年までの間、失業者や中高年のための仕事づくりを担う組織「事業団」を全国各地に設立し、政府の失業対策事業だった業務の一部を引き継ぎながら、事業を展開していく。

その後、欧州視察なども行った末にたどりついた新たな組織の形態こそが、労協＝ワーカーズコープだったのだ。労働組合時代に掲げた「よい仕事」をするという目標は、今のワーカーズコープにも引き継がれている。

一九八六年、組織をワーカーズコープへ発展させることになった時、全国の事業団をまとめていた「中高年雇用・福祉事業団全国協議会」が、「中高年雇用・福祉事業団（労働者協同組合）全国連合会」へと名称を変更。翌八七年には、東京にワーカーズコープのモデルとなる「センター事業団」ができる。そして、一九九一年には、協同労働を研究・普及する機関「協同総合研究所」を設立し、翌一九九二年、世界の協同組合をつなぐ組織「国際協同組合同盟」に加盟。一九九三年になってようやく、現在の「ワーカーズコープ連合会」を名乗るようになった（労協法人となったのは、二〇二三年六月）。

こうして事業のあり方や理念を模索していく過程で、ワーカーズコープが担う仕事の中身も、少しずつ変わっていった。

ワーカーズコープを名乗る以前は、インフラ整備が中心で、その後、清掃や物流関係の仕事が広まった。一九九五年には三重県に全国初の「高齢者協同組合（高齢協）」（現在は「日本高齢者生活協同組合連合会」を形成し、その大半が生協に）がつくられ、シニア世代の生活全般の課題解決にシニア自身が取り組み、住み慣れた地域で長く暮らし、活躍し続けられるような事業も行うようになる。二〇〇〇年に国の介護保険制度が始まると、介護ヘルパーを養成し、介護福祉関連の事業に取り組むワーカーズコープも増えていく。さらに、指定管理者制度の普及を受けて、子育て支援、若者や困窮者への支援なども手がけるようになった。

事業内容の拡大以上に重要な転機と言えるのは、二〇一〇年、「社会的な連帯を重視する路線」を打ち出したことだろう。その考え方は、翌年に発生した東日本大震災からの復興に必要な事業現場で、力を発揮する。地域の復興には、さまざまな人がつながり、協同して働くワーカーズコープの精神が必要不可欠だからだ。

地域、つまりコミュニティに積極的に関わる姿勢は、今、世界の協同組合運動に共通するものとなっている。その姿勢を一つひとつの事業組織はもちろん、ネットワーク全体で共有し、実行していくことが、現在のワーカーズコープの目指す道と言えるだろう。主体的に「よい仕事」を追い求め、協同する人たちが、持続可能なコミュニティを築き、そこにまた「よい仕事」が生まれて、地域全体を豊かにしていく。そんな循環が起きることが期待されている。

序章で触れた指定管理者制度への依存など、解決すべき問題はあるが、労協法の成立によって、労協ならではの事業や運動がさらに起こされていくに違いない。

既婚女性中心、生協から生まれたワーカーズ・コレクティブ

一方のワーカーズ・コレクティブは、まったく異なる歴史を持つ。

それは、主に共同購入を進める事業連合「生活クラブ事業連合生活協同組合連合会」に参加する首都圏の「生活クラブ生協」の組合員である既婚女性たちの手で、一九八〇年代につくられ始めた労協形式の事業組織だ。生活クラブ生協自体の歴史は、それよりずっと以前、一九六五年にまで遡る。東京都世田谷区で女性たちが「生活クラブ」というグループを結成し、牛乳の共同購入を始めたのが、設立のきっかけだった。まとめ買いすることで、おいしい食品を安く手に入れようと考えたのだ。その後、一九六八年に生活クラブ生協がつくられ、女性たちは安心・安全な食べ物を食卓に届けるために、それを共同購入する仕組みをつくるに留《とど》まらず、自らが協同組合の活動に出資し、運営に携わり、食品開発まで手がけるようになった。

こうして生活クラブ生協は、消費者として商品を購入するだけでなく、米や豚肉、卵などの食品を生産者と直接提携して調達したり、みそや牛乳などを独自に製造・販売したりするなど、商品の生産・加工から輸送、販売のすべてに関わる生協として知られるようになった。今では北海道から兵庫県まで、三三の生活クラブ生協があり、それらをまとめる組織として連合会がある。

生活クラブ生協のもう一つの大きな特徴は、生活に関わるさまざまな社会問題に対して、積極的に声を上げてきたことだ。食品の遺伝子組み換え反対、六ヶ所村核燃料再処理工場の稼働反対、ダイオキシン汚染調査など、いくつもの社会運動を展開している。

その声を政治に反映するために、地方自治体へ「代理人」と呼ばれる議員を送り込む運動もある。一九七七年、東京都議会議員選挙に練馬区の組合員が立候補したのが、この「代理人運動」の始まりだ。その時は、一万二〇〇〇票余りを獲得したものの、落選。一九七九年の選挙で初めて、区議会議員が練馬区で誕生した。現在は、生活クラブ生協とは別に、「東京・生活者ネットワーク」という政治団体が都内三二の自治体にあり、二〇二四年七月時点で、都議会で一人、市・区議会で三九人の議員が活躍している。各議員の任期は四年だが、二〜四期で交代することを原則とし、議員報酬も市民活動の資金に生かす。東京・生活者ネットワークの活動はすべて、組合員をはじめとする市民のカンパで成り立っているからだ。

このように、ワーカーズ・コレクティブは、生活経験に根ざす問題をしっかり捉えて考える、女性たちの運動から生まれた労協だと言える。ワーカーズ・コレクティブ第一号は、一九八二年、神奈川県横浜市に誕生した。地域に安全で無添加の惣菜《そうざい》・弁当を届けるためにつくられた「ワーカーズ・コレクティブにんじん」だ。

「地域で私たちができること、やるべきことは、もっとある。家事以外に自分が活躍する場がほしい。そんな思いから、生まれたものが多いと思います」

「ワーカーズ・コレクティブ　ぷろぼの工房」を運営する藤木千草さんは、そう話す。藤木さんは、ワーカーズ・コレクティブネットワークジャパンの代表や「東京ワーカーズ・コレクティブ協同組合」理事長も務めたことがある、ワーカーズ・コレクティブのベテランだ。ワーカーズ・コレクティブの大半は、藤木さんのように、もともとは専業主婦と呼ばれる立場にいた女性たちが、人に雇われるのではなく、地域に根ざした労働の場を、自ら出資し、働き、運営しようとつくり出した。その事業内容は、手づくりで地域の暮らしや生活クラブ生協のニーズに応えるものが多い。訪問介護や障がい者支援などの福祉関係、コミュニティレストランや弁当づくりなどの食関係、保育や子育て支援、居場所づくりや地域交流、清掃などの住まいと暮らし全般、編集・デザイン、語学教室、生活クラブ生協の店舗運営や配送業などが、それだ。

地域に暮らす女性たちが、隣人や生協の仲間と協同で事業を立ち上げ、運営していることで、ワーカーズ・コレクティブは、地域のほかの組織や会社、役所、学校、NPOなど、多様な人や団体とも自然につながっている。だから、子どもの状況や高齢者の悩みなど、地域住民の現実がよく見えている。それこそが、ほかにはない強みだろう。二〇二〇年現在、全国に約三四〇の組織があり、およそ七〇〇〇人の組合員が働いている。

ワーカーズ・コレクティブの組織形態は、同年、任意団体とNPO法人がそれぞれ約四割、企業組合や一般社団法人などが二割程度となっている。労協法成立後には、数団体が労協法人になったが、それらは生活クラブ生協から委託された業務を事業としている組織だ。小さな組織が多いワーカーズ・コレクティブの場合、その大半はこれまで通りの形で、協同労働をしている。第一章で見たように、大切なのは、法人格の種類ではなく、その「働き方」ということだ。

では実際に、個々のワーカーズ・コレクティブはどんなふうに生まれ、女性たちはそこでどんな働き方をしているのか。具体例を通じて見てみよう。

気持ちが穏やかになる職場、お弁当屋「とまと」

自分が子育てをする地域で、仲間とともに家族にとっても大切な「食」を扱う仕事を自ら起こし働けば、そこには新たな生き方が生まれる。そう考える女性たちが運営するのが、東京都国立市で仕出し弁当を製造、販売する「ワーカーズ・コレクティブ　とまと」だ。

代表を務める遁所《とんどころ》朋江さんは五〇代。結婚して引っ越した場所で、生活クラブ生協の共同購入グループ（班）のメンバーになったことがきっかけで、「とまと」と出合った。

「ある時、班の先輩に、『とまと』で配達のアルバイトを探していると言われたんです。私は、もともと自宅でピアノを教える仕事をしていたのですが、生活クラブを通じてワーカーズ・コレクティブという働き方を知り、つながりが生まれる職場に魅力を感じました。だから、『とまと』に入ったんです」

「とまと」の一日は、朝七時半に始まる。前日に下拵《したごしら》えした食材を、手際よく調理していく。ご飯は白米と玄米の二種類、おかずは日替わり弁当用に五種類用意される。そぼろ丼、ドライカレーなどもある。

二〇二一年七月、取材で訪ねた朝九時半すぎ、住宅街の一角にある広い厨房《ちゅうぼう》では、六人が調理と弁当箱に料理を詰める作業をしていた。三人が料理を仕上げ、あとの三人が注文札を見ながら弁当箱をセットしていく。

「青菜、いけそう？　かき揚げはどう？」

作業の進行を確認するのは、代表の遁所さん。この日の段取り担当として、常に全体を見渡し、声をかける。

ある程度、調理が終わった一〇時頃にもう一人、少し年配のスタッフが現れた。

「立ち上げメンバーの角田《つのだ》さんです」

と、遁所さんが教えてくれる。

角田光子さんは、一九九三年に「とまと」を立ち上げたメンバーの一人で、体力的にフルタイム労働は難しくなった二〇二一年春からは、アルバイトとして働いている。

「とまと」の厨房ではそれぞれ臨機応変に作業をこなす

「元気なうちは、この仕事を続けたいです」と、語る角田さんは今も意欲的だ。ベテランの存在は貴重で、さりげないサポートが皆の仕事運びを円滑にする。

そんな角田さんを「国立の母」と慕うのは、遁所さんと二人三脚で今の「とまと」を牽引する渡辺朋子さんだ。遁所さんは渡辺さんのことを「同志」と呼ぶ。

「一年目は、弁当を配達するアルバイトとして入ったんですが、料理が好きだし、『おいしい!』という反応を聞けるのも魅力で、もっといいものを、と工夫を重ねるうちにここまで来ました」と、渡辺さん。

七人それぞれが作業をこなしていくなか、「真ん中で火にかかっている鍋を見て~」「恭子ちゃん、刻み作業は私が入るから、ご飯の担当代わって〜」と、時々、遁所さんの快活な声が厨房に響く。

「恭子ちゃん」とは、若手のメンバー、岩崎恭子さんのことだ。

「料理は苦手ですが、他人に雇われるのではなく、すべて自分たちでできることが魅力で、続けています」

そう話す岩崎さんは、子どもを保育園に預けて、フルタイムで活躍する。

この日働いていたなかで一番若手、三〇代の大森美帆さんは、遁所さんにスカウトされて、数年前にメンバーになった。最初は子育てが忙しく昼一二時半までの勤務だったが、今は一日働いている。

「子どもが病気の時は、勤務時間を調整してもらえるし、働きやすいんです」

一〇時半すぎ、日替わり弁当「さわらの梅ドレッシングと麻婆茄子《マーボーなす》」一二〇個が完成。店に直接来る客の分を除いたものを車に積み込んで、二人が配送に出る。残りのメンバーは、注文のあったそぼろ丼づくりや店頭販売、翌日の仕込みに取りかかる。

「とまと」の一日は、相当な重労働だ。それでも遁所さんはこう言い切る。

「体は疲れても、気持ちがこんなに穏やかになる職場はないんです」

好きでやりがいのある仕事を、気心の知れた仲間とともにつくり上げ、自信を持って地域の人々に届けられる充実感が、遁所さんにそう言わせるのだろう。

世代交代の難しさ

今でこそ、気持ちが穏やかになる職場である「とまと」だが、そこに至るまでには、紆余《うよ》曲折があった。

一九九三年に、生活クラブ生協が大切にしている「安心・安全な食」に関心の高い主婦たち八人によって立ち上げられた「とまと」は、二〇〇〇年に企業組合の法人格を取得。事業を拡大し、市の高齢者デイサービスへの配食などの仕事も請け負うようになる。だが、次第に働くメンバーの体力が仕事量に追いつかなくなり、体調を崩す者が現れる。その時は、やむなく大口の注文は断ることにしたが、今度は赤字が問題になった。

「『とまと』が始まった一九九〇年代には、お弁当を一個から配送する店なんてなかったので重宝がられ、売り上げもよかったんです。でも、やがてコンビニでもやるようになって価格競争が激しくなり、値段を抑えようとすると赤字になってしまいました。経営にしっかり携われるメンバーがいないなか、うまく対応しきれなかったんです」

遁所さんはそう振り返る。

立て直しを図るためにメンバーの世代交代を試みたが、うまくいかず、二〇一九年、「とまと」はついに存続の危機に陥る。

「立ち上げメンバーは、いわゆる『団塊の世代』。専業主婦が多く、それでも自分らしい何かがやりたいという強い思いを抱いている人たちが、すごいパワーで事業をつくってきました。その分、引き継げる世代を育てる必要を感じる間もなく来たのだと思います。そこで私と渡辺は力を合わせて何年間も、生活クラブのいろんな若い人に声をかけてきたんですが……」

遁所さんら中堅メンバーが若いメンバーの育成を考え始めた頃には、女性を取り巻く環境自体が大きく変わっていた。専業主婦は少なくなり、一生働きたいと考えている女性ならば、高収入でフルタイムの職場を求める。その一方、収入よりも家事と並行してできる仕事を求める女性たちは、もっと気軽に働ける職場を欲していた。収入はまあまあだが、人に雇われるのではなく、自分たちで出資し経営するというワーカーズ・コレクティブの働き方に意欲を示す人は、なかなか見つからなかったのだ。世代交代は、ワーカーズ・コレクティブ全体の課題の一つになっている。

「どうしたら『とまと』の活動をつなげられるのか。若手、中堅、ベテランがそれぞれの意見を出し合って、議論しました。その結果、やはり解散を前提にしながら、二〇二〇年の一年間は、お客さんにその経緯をきちんと説明する時間にしようということになったんです。それでも、二〇年近くこの仕事を続けてきた私自身は、どうにか続けられないものかという思いを、捨てきれませんでした」

遁所さんは、決算書を所管行政庁に提出する義務を負う企業組合としては存続できないとしても、誇りを持ってやってきた仕事を仲間と楽しんで続けられる場としての「とまと」は、失いたくなかったのだ。

そこで思いついたのが、生活クラブ生協の活動を通してつながりがあり、同じ地域で活動するぷろぼの工房、前出の藤木さんらのワーカーズ・コレクティブへの統合だった。

労協同士で支え合って「無理をしない」事業に

ぷろぼの工房は、市民団体などの計画づくりや課題に関するワークショップや講座などの企画、印刷物の編集・デザインから、「親子ひろば」のような居場所づくり、地域のほかの団体と実施しているフードパントリー（企業や農家、個人から寄付される食料を生活困窮者らに無料で直接配布する活動）まで、多種多様な活動を地域に密着して行っている。組合員一三人（「とまと」との統合を経て現在二一人）のワーカーズ・コレクティブだ。

代表の藤木千草さんは、自分たちが企画したイベントでの料理の準備を委託するなど、以前からつき合いのある遁所さんたちから「統合」の相談を受けて、こう考えた。

「食の安全を守る生活クラブの運動から生まれたワーカーズ・コレクティブにとって、食に関わるワーカーズはとても大切なもの。それなのに、これまでいくつかが解散するのを見てきた。

今度こそなんとかしたい。いっそ自分たちのワーカーズの事業の一つとしてやれば、存続できるのでは？　挑戦してみよう」

遁所さんたちの相談内容をぷろぼの工房に持ち帰った藤木さんは、メンバーと話し合った末に、「とまと」を統合することに決める。こうして「とまと」は、企業組合としては解散し、二〇二一年四月から、ぷろぼの工房の食部門の事業所として、活動を再開した。

遁所さんは安堵《あんど》の表情でこう話す。

「ベテランメンバーも、三人がアルバイトとして残りました。ぷろぼの工房さんに入れたことで、肩の力を抜いて自分たちのできる形でやっていく覚悟ができました」

以前は価格競争を意識していたが、今は自分たちの弁当の味と質を評価し、値段に関係なく利用してくれる客を対象に、採算の合う価格での販売に徹する。「家計の延長線レベルの規模のお金を扱うようにしました」と言うほど、コンパクトな事業にしたおかげで、経営も黒字になったという。ぷろぼの工房が、法的な縛りの少ない一般社団法人で、依頼に応じてできる仕事を請け負いながら、地域で必要とされる活動を自ら生み出している組織であることも、新生「とまと」の働き方にプラスの影響を与えているようだ。

家庭と食と生きがいを守る

新生「とまと」は、二〇二四年七月時点で、遁所さんと渡辺さんの中堅二人と若手六人、計八人のメンバーを中心に、二人のアルバイト（高齢となった立ち上げメンバー二人）を加えて活動している。前回の取材の後、アルバイトが増え、そこからメンバーに加わる若手が現れて、世代交代も少しずつ進んできたという。メンバー八人はぷろぼの工房に、一口一万円の基金（一般社団法人のため、「出資金」ではなく「基金」）二口を納入。ぷろぼの工房のメンバーとして、月曜日から金曜日までの毎日、一三〇食前後の弁当をつくり、販売する「とまと」の事業に携わる。地域とのつながりを深めるために、月に二～三回、国立市役所の地下食堂跡で、一時出店も始めた。なお、日常の経理は、ぷろぼの工房本体とは職種が大きく異なるため、別にしている。

「メンバーは、交代で週に三～四日、働いています。アルバイトは週に二～三回、入ります。それぞれの都合でシフトは調整しています」（遁所さん）

勤務時間は、体力や子育て、家庭の状況などに合わせて決めている。賃金は時給制だ。

日替わり弁当のメニューは、毎月、遁所さんと渡辺さんが考える。つくる弁当には、生活クラブ生協の食材を使い、ワーカーズ・コレクティブならではのこだわりを見せる。

「安心・安全の食材で、不必要な食品添加物は使わず、基本的に手づくりしています。ちょっとした漬物以外は、既製品も使いません」（遁所さん）

「とまと」の存続を果たした遁所さんは、「八〇歳になるまで、がんばろうかなぁ」と言いながら、こう続ける。

「『とまと』は地域で必要とされている事業所だと思うので、仲間を増やすことができれば、（さらに次の世代へ）引き継いでいきたいと思っています。以前は、それが難しいと思っていましたが、最近少し考えが変わりました。家族を大切にしながら、地域ともつながれる事業をしたいと思っている人はいるんだと感じています」

統合先のぷろぼの工房が掲げる「働くことは生きること」というモットーは、そんな女性たちの思いをよく表している。代表の藤木さん自身、「何々ちゃんのお母さんとか、誰々の妻とかではなく、自分の名前で活動できる場がほしい。そう感じて、三〇代でワーカーズ・コレクティブをつくりました」と語っているように、母親や妻として以外の生きがいや、地域での活躍の場が必要な女性は、大勢いるはずだ。それは今や、女性に限ったことではないかもしれない。

「皆、何歳になっても自分を生かせる場が必要なんじゃないでしょうか」と、藤木さん。

「とまと」の創立メンバーでアルバイトとして働き続ける角田さんも、「この歳《とし》になっても、行く場所があってよかったと思います。夫がベトナムに赴任した時も、一緒に行くの、やめました」と、笑う。

「『とまと』の活動を通して、自分たちが子どもを育てている地域で、いい仕事ができる環境をつなげていけたら、と思います」

遁所さんは今、心からそう思う。

外国にルーツを持つ人々と協同労働

ワーカーズ・コレクティブのような労協の働き方を生かした職場づくりは、現在の労働市場から、低賃金で一時雇いやパート中心の「都合よく使い捨てしやすい労働力」としか見られてこなかった女性たちに、自らの意思で生きがいとなる労働を生み出す機会を与えている。それと同時に、家を飛び出した女性たちが、労協活動を通して多様な人々とつながることで、コミュニティ全体に活気が生まれている。このことは、いわゆる「外国人労働者」のための職場づくりにも生かせるのではないか。

例えば、協同労働の先進国であるスペインでは、貧困や紛争・戦争を逃れ、家族の未来を切り開くためのチャンスを得るためにやってきた移民たちが、自らの手で就労の機会をつくり出す手段としても、労協が注目されている。自治体によっては、移民のための労協設立支援の組織を設置しているところもある。その国へ来た時に正規移民であっても非正規移民であっても、できるだけ早く仲間と安心して働ける場を得て、地域社会の一員として認められ、一市民として地域に貢献する。それは、当事者にとっても地域社会全体にとっても、最善のことだ。連帯をベースにした労協は、その最善を実現するのに絶好の職場形態だと言えよう。

出入国在留管理庁によれば、日本には、二〇二四年六月末現在で、在留外国人が三三一万一二九二人、暮らしている。いわゆる技能実習生や高度な技術・知識を生かした業務に従事する滞在者も、その人数は近年、増加傾向にある。私たちの周りにはそれだけ多様な隣人がいるということだ。そこには当然、楽しい交流もあれば、文化や習慣、言葉の違いなどから生まれる軋轢《あつれき》もあるだろう。経済不況で社会に失業問題などが発生すると、「違い」が障壁となり、外国にルーツを持つ人たちはどうしても、日本人以上に苦労するはめになりがちだ。女性同様に、「都合よく使い捨てしやすい労働力」と見られていることが多いため、最初に切り捨てられる。そんな時も活躍するのが、労協だ。

労協が実践する協同労働では、性別や社会的、文化的、民族的ルーツなどに関係なく、労働者は自らが出資し、仲間と協同で、地域に役立つ事業を民主的かつ主体的に運営する。それを通して、事業の利用者や活動する地域の住民を含む地域社会全体に、安心と連帯感を築いていく。それは、地域で孤立しがちな外国にルーツを持つ人たちに、自身が主体となって隣人とのつながりを育む機会も提供する。地域にとって大切な事業を互いの顔の見える形で行うことで、本当の姿を知り合うことができる。単に労働の機会をつくるだけでなく、社会の一員として活躍し、貢献する場を提供するのだ。

それを示す事例が、愛知県豊田《とよた》市にある。

住民の過半数が外国にルーツを持つ保見団地で活動する「ケアセンターほみ」

豊田市保見ケ丘《ほみがおか》にある住宅団地、通称「保見団地」には、南米のブラジルやペルーなどにルーツを持つ人が大勢住んでいる。一九八〇年代後半から九〇年代初めにかけて続いたバブルの時代、日本政府は人手不足を補うために、一九九〇年六月、改正「出入国管理及び難民認定法」を施行し、日系二世、三世らに単純労働と定住資格を認めた。その際に来日した人たちやその家族が、保見団地の住人だ。自動車関連産業が盛んな豊田市では、大勢の日系ブラジル人や日系ペルー人らが市内にあるこの保見団地に住まいを置き、工場労働者として働いていた。二〇二四年五月の時点では、ベトナムから来た技能実習生なども含め、外国にルーツを持つ住民が団地の人口六五六四人の約六割を占めている。

日系ペルー人三世の上江洲《うえず》恵子さんも、その一人。一九九〇年に来日し、沖縄や静岡でさまざまなアルバイトをした後、一九九八年から豊田市にある工場の清掃員として働き始めた。ところが、二〇〇八年に起きたリーマンショックが、深刻な失業問題をもたらす。自動車関連の工場で働いていた大勢の外国人は、職を奪われて生活していけなくなり、帰国を余儀なくされた。

「ほとんどの人は、日本政府の日系人帰国支援事業（二〇〇九年四月から一年間、政府が帰国費用などを定額支給した）で、母国へ帰りました」と、上江洲さん。しかし、自身は保見団地に留まる。「日本で生まれ育った子どものいる家庭のなかには、帰国せずに生活保護を受けながら仕事を探している人もいました。ちょうど三人目の子どもが生まれて産休を取っていた私は、ハローワークで、介護サービスの人材を育てる教室が団地で開かれると知り、参加を決めたんです」

それは、保見団地で活動していたNPO法人「保見ヶ丘ラテンアメリカセンター」が、「保見に働ける場をつくってほしい」と、「愛知県高齢者生活協同組合（愛知高齢協）」らに要請したことから実現した「保見ヶ丘介護教室」だった。上江洲さんは、「これからどうなるかわからないなか、介護の仕事なら生活が安定すると思いました」と、振り返る。

こうして、外国にルーツを持つ人たちが、日本人と手を取り合って地域で新たな役割を担うための挑戦が始まる。その先に誕生したのが、「高齢者生協ケアセンターほみ」だ。

「出稼ぎ」から「信頼される介護者」へ

「ほみ」の設立を目指し、まずはそこで働く介護ヘルパーを育てるための介護教室が始まった。それは、ハローワークが提供する職業訓練である「介護職員初任者研修」が愛知高齢協らに委託される形で実施された。講習生は皆、受講給付金を受け取りながら学ぶことができたため、日本人一〇人と日系ブラジル人や日系ペルー人一〇人が、約三カ月間の講習を受けることになる。

上江洲さんは言う。

「私は、仕事の合間に独学で身につけた小学校三、四年レベルの日本語力しかなかったので、毎日八時間、必死で漢字の勉強をしました。おかげで帯状疱疹《ほうしん》になったほどです」

苦労の甲斐《かい》あって、講習を無事に修了。二〇一一年六月には、愛知高齢協の協同組合として設立された「ほみ」で、ほかの介護教室修了生とともに、訪問介護サービス事業を運営することになった。だが、その船出は困難の連続だった。

「開所したものの、利用者がいなくて……」

上江洲さんたちには、当時、団地に住む日本人とのつながりもなければ、信頼関係もなく、おまけに介護事業には欠かせないケアマネジャー（介護支援専門員）とも面識がなかったからだ。初めて利用者になってくれたのは、友人である日系人の母親たちだった。

日系人の利用者の多くは、介護保険制度を知らず、知っていても日本語で書かれた内容を十分理解することができなかった。そこで、上江洲さんら日系人スタッフが、自らも専門用語を学びながら、日本人スタッフやケアマネジャーの助けを借りて、利用者に仕組みを丁寧に教えた。

「そうして地道にやっていくうちに、ケアマネジャーさんたちからも認められるようになりました」

初めのうちは訪問介護サービスの依頼を受ける際、「ヘルパーには日本人も外国人もいますが、それでも大丈夫ですか」といちいち確認していたが、やがてその必要もなくなった。

そして現在、上江洲さんたち日系人が代表を務めるようになった「ほみ」は、地域の訪問介護サービスを担う重要な存在となった。

「ほみ」のスタッフは、取材した二〇二三年二月当時、計一八人。半分が日本人、もう半分は日系ブラジル人と日系ペルー人だ。訪問介護サービスの利用契約者は、日本人を中心に四二人だが、毎月訪問するのは二九人で、そのうち一〇人がブラジル人やペルー人（日系以外も含む）だった。取材当日は、保見団地に住むブラジル人家庭を訪問するヘルパーの仕事を一部見学した。

家族と過ごすように心と暮らしを支える

午後三時、日系ブラジル人のヘルパー、大津美子さんは、脳卒中の後遺症で右半身が動かない神崎エンリケさんと障がいのある娘のカテリンさんを訪ねた。まず、おしゃべりをしながらエンリケさんの血中酸素濃度や体温をチェック。その後は、カテリンさんの散歩につき添い、戻ってきてから夕食の準備に取りかかる予定だ。この日は散歩の前に、取材の案内をしてくれたもう一人のスタッフ、やはり日系ブラジル人の藤田パウロさんも交じって、皆でおしゃべりに花を咲かせた。

病気で倒れる前は、日本全国をバンド仲間と演奏旅行していたというエンリケさんが、ラテン音楽の有名なバラード曲のカラオケをかけて歌い出す。カテリンさんは笑みを浮かべ、藤田さんは一緒に歌を口ずさみ始めた。大津さんが「日本の演歌と似ているのよね！」と笑いかけると、エンリケさんは「そうそう、だから日本人も好きなんだよ。ヘルパーのあなたにも、歌を教えてあげよう」と、上機嫌だ。

大津さんは友人に勧められて、介護ヘルパーの資格を取り、二〇二二年一〇月から「ほみ」で働き始めた。この仕事がとても気に入っているという。

「以前働いていた工場と違って、ここでは人と関わる仕事ができるのがうれしいです」

別の日系ブラジル人のヘルパー、田港セリさんは、この日、ブラジル人のルイス・ミランダさんの介助に向かった。ルイスさんは、神崎エンリケさん同様、脳卒中を起こしたせいで体が思うように動かないうえ、言葉も話せない状態。元気な頃は妻のエリアナさんと工場や弁当屋で働いていたが、今はほとんどベッドに寝たきりでテレビを観《み》るだけの毎日だ。強いストレスのためか、妻以外の女性の介護は受けたがらないので、田港さんはヘルパー仲間でもある妻エ

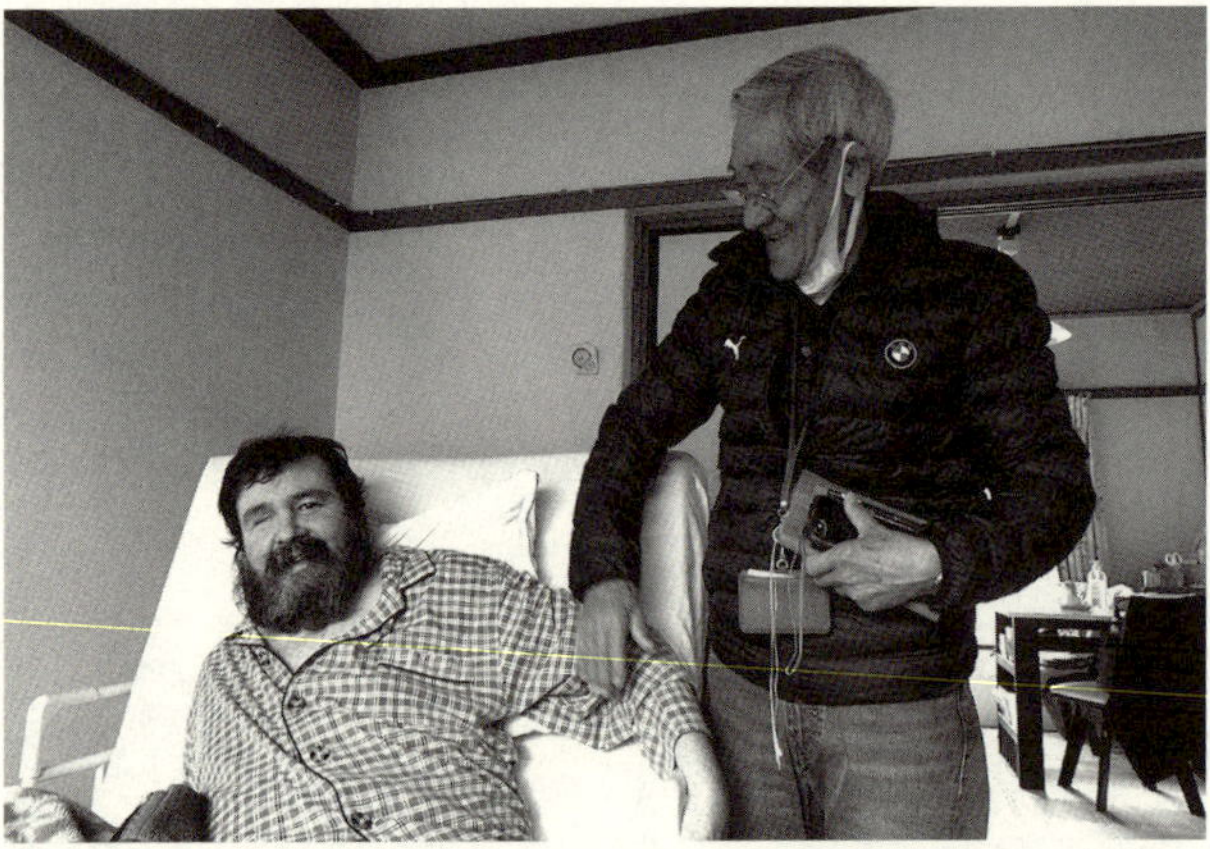

藤田パウロさんの声かけに元気を得たルイス・ミランダさん

リアナさんと協力しながら、ルイスさんとは一定の距離を保って仕事をこなしていた。そんななか、この日は一緒にいた藤田パウロさんが、その立派な髭《ひげ》を見て「サンタのようですね！」などと気さくに話しかけたことで、ルイスさんが笑顔になり、自ら起き上がってベッドの下に足をついた。それから藤田さんとカメラに向かってポーズ――。

二軒の訪問を終えた帰り道、藤田さんは、「今日はとてもいい日になりました」と、感慨深げに言った。同じ国出身の男性二人の笑顔を見られたからだろう。日本人利用者でもそうだが、常にどこか孤独を感じているであろう外国人移住者にとってはなおさら、「ほみ」の訪問介護は生活だけでなく、心の支えにもなっている。

訪問介護の利用者は、現時点では高齢化が進む日本人のほうが多いが、今後、外国人の利用者も増えていくだろう。幸い、「ほみ」の介護ヘルパーは三〇～五〇代が中心で、一般の日本人ヘルパーよりも若く、勤務時間も長く取れるため、人手は確保できているという。ただ、ブラジルやペルー出身の利用者への対応には、日本人利用者に対してよりも工夫が求められる。日本人は介護ヘルパーの役割を比較的よく理解しているが、「介護は家族の仕事」と考えているラテンアメリカ出身者は、「介護ヘルパー」を「お手伝いさん」のように考えている人も少なくないからだ。

「年末の大掃除とか、生活保護の手続きの同行通訳とか、介護事業の枠外のことを頼まれることも多いんです。そういう時は、協同組合の『助け合い活動』でカバーするようにしています」

上江洲さんはそう説明する。高齢協には、困りごとを解決する仕組みとして、「助け合い活動」があり、「ほみ」では一時間二〇〇〇円と格安の料金でその依頼を受けている。そうした幅広く柔軟な対応が、地域の多様な人々の暮らしを支える。

二〇一五年八月からは、事務所で、障がいのある子どもたちのための放課後等デイサービスの事業「児童デイほほえみ」も運営している。取材時には計一八人の子どもが登録しており、月曜から金曜の午後三時から六時までの間、毎日六～九人が「ほほえみ」で過ごしていた。障害児通所受給者証を持つ子どもなら、知的障がい、発達障がい、身体的障がい、どんな障がいのある子でも利用できる。午後三時前にスタッフが送迎車で特別支援学校などへ迎えに行き、帰りは一人ひとり自宅へ送り届ける。

訪問介護の現場を案内してくれた藤田さんは、実は「ほほえみ」担当のスタッフだ。一九九〇年の来日後、工場労働者として働いていたが、六〇歳で退職してからは団地の子どもたちの日本語教室でボランティアをしていた。その後、「ほみ」に就職。介護ヘルパーの資格も取ったが、もっぱら「ほほえみ」で子どもたちの支援に携わる。その日の子どもの様子をそれぞれ観察しながら、「毎日、私も子どもになって遊んでいます」と、いたずらっぽく笑う。

子どもたちは、障がいの種類や程度がそれぞれ異なるため、取り組んでいることもさまざま。自分で体が不自由で自分ではほとんど動けない子は、スタッフと音楽を聴いたり動画を観たり。自分でパソコンができる子は、好きな画面を開いて見ながらスタッフとおしゃべりをしたり。好奇心旺盛で、室内を動き回っては皆に話しかける子もいる。藤田さんは、誰か一人につき添うのではなく、いろいろな子どもたちと、家族のように関わり合う。

そこでは異なる個性の子どもたちが、スタッフと触れ合いながらゆったりと時間を過ごすなかで、新たな関心や喜び、生きる力を得ているように見えた。家族のつながりを大切にするラテンアメリカの人々がつくる空気が、アットホームな空間を生み出す。毎日一日の終わりには、一人ひとりの写真が撮られ、家族への連絡帳に貼られる。

多文化協働で豊かさを育む

取材の前年の二〇二二年春には「ほほえみ」のスタッフに、一人の日本人青年が加わった。吉村迅翔《しゅんと》さんだ。吉村さんは、学生時代に保見団地で清掃などのボランティア活動に参加して以来、この地域のさまざまな課題を知ることになった。そして大学四年の二〇二一年六月、学生三人で外国にルーツを持つ子どもたちの学習支援をする市民活動団体「ＪＵＮＴＯＳ（ジュントス。ポルトガル語で「ともに」の意）」を立ち上げる。

ＪＵＮＴＯＳは、毎週土曜に、地域の集会所の会議室を借りて活動を始めたが、新型コロナの感染急拡大で集会所が利用できなくなり、やむなくオンラインや青空教室に。それを見た「ほみ」のスタッフがデイサービスのスペースを提供してくれたおかげで、そこで小学生一五人前後の宿題の手伝いを続けられることになった。その縁もあって、大学卒業とともに「ほみ」のデイサービスで働き始めた。

遊ぶ子どもたちに兄のように寄り添い、会話を楽しむ吉村さんの姿からは、思いやりと情熱が伝わってくる。ポルトガル語も、日系ブラジル人の子どもや親とのコミュニケーションを深めるために身につけたという。ＪＵＮＴＯＳの活動や「ほみ」での仕事を通して、子どもの権利擁護に深い関心を抱いた吉村さんは、その後、子どもアドボケイト（一〇〇％子どもの立場に立ち、子どもの気持ちを聞いて、周りの大人にそれを伝える役割をする人）となり、子どもの権利を擁護する活動をしている。

このように、「ほみ」では、常に大勢の日系人スタッフと日本人スタッフが協力して、事業を計画、運営してきた。代表の上江洲さんは言う。

「（協同組合として）毎月一回、ヘルパー会議を開き、いつもスタッフ皆の意見を聞いて、物事を進めています。介護の依頼があれば、内容によって適任者を見極め、本人の意思を確認します。スタッフ同士、何かわからないことがあれば、すぐに電話で相談し合うようにしています。そうすることで、スタッフ一人ひとりが安心して働けるんです」

時間厳守など細かいところに注意を払う日本人と、明るく大らかなブラジルやペルーの人たち。多様な仲間が協働する職場は、まとめるのが大変な面もあるがメリットのほうが大きいと、上江洲さんは考えている。

「日本人と外国人、両方いることで、よいバランスが生まれる。職場でも地域でも、互いが相手の文化や習慣を大切にし、わかり合う努力をすれば、誰もが豊かに過ごせる空間がつくれると思います」

「ほみ」の存在は、全国各地、そして上江洲さんたちの出身地域であるラテンアメリカからも、協同労働による多文化共生のモデルケースとして、注目されている。

労協法を利用して労協を立ち上げる

ここまで紹介してきた「とまと」やぷろぼの工房はワーカーズ・コレクティブ、「ほみ」は高齢協の労協組織だ。ワーカーズコープ連合会では、二〇二二年に労協法が施行されて以降、ワーカーズ・コレクティブや高齢協のメンバーをはじめとする協同労働に共感する団体・個人とともに、「協同労働推進ネットワーク」を各地で設立。地域で協同労働を推進、支援するための仕組みを築き、労協の設立に寄り添っている。

ワーカーズコープ連合会によれば、これまでに「協同労働推進ネットワーク」に労協設立の相談を寄せてきた人たちには、いろいろなタイプがあるという。

まず一つは、既存のワーカーズコープやワーカーズ・コレクティブがそうであるように、すでにNPO法人や企業組合などの別の法人格で組織をつくって事業を行っている人々。彼らは、実際に協同労働で民主的な運営を実践しているのに、それが組織形態に反映されていない状態から、本来あるべき姿になろうと、労協としての登記を考えている。

また、自治会や障がい者・児の保護者グループ、ボランティアグループ、友人・隣人グループなど、地域にある組織やグループが、自分たちの取り組みを事業として展開するために、労協の設立を考えるケースもある。

例えば、沖縄県の宮古島の北端で活動する狩俣《かりまた》自治会は、二〇二一年から労協の設立を念頭に動き始めた。同自治会では、少子高齢化が進むなかで、これまでに休園していた幼稚園の再開に伴う給食づくりなど、さまざまな事業を行ってきたが、そうした経済活動を任意団体である自治会が担う場合、もろもろの契約は個人名義となり、働く人たちもボランティアか個人請け負いにならざるを得ない。そこで、労協として事業を展開できるようにすることで、島に新たな雇用を生み出すことを考えたのだ。

その設立をサポートしてきたワーカーズコープ・センター事業団の九州事業本部・沖縄開発室の元事務局長（取材時点では関西事業本部本部長）、高橋弘幸さんは、設立完了前にこう語った。

「中心となるメンバーの間に対等な関係が築かれている狩俣自治会の活動は、もともと『協同労働』と言えるものなので、労協への移行はスムーズにいくと思います。法人化後は労協の事業として、地元産の魚を買い取ってつくる惣菜を住民が運営する共同売店で販売したり、高齢者への配食や、地域や行政から請け負う清掃業務を行ったりする予定です」

そして二〇二二年一一月七日、設立総会が開かれ、労協「かりまた共働組合」が誕生。自治と直結し、地域の未来を見据えたその活動は、現在、高く評価されている。

基盤となる自治会が存在した「かりまた共働組合」のケースは、順調に軌道に乗った例だが、労協の設立は、必ずしもうまくいくことばかりではない。高橋さんは、二年間、九州・沖縄地域で労協の立ち上げをサポートするなかで、いくつかの壁にぶつかってきた。特に、「最低賃金以上の収入が得られる事業」の創出と「事業運営に組合員全員の意見をうまく反映する方法」をどうつくっていくかが、難しいが重要な点だと感じているという。

「収入に関しては、地域のニーズにも左右されるので、組合員ができるだけ地域コミュニティに関心を持てるようにすることを心がけています。意見反映の方法に関しては、私たちワーカーズコープ連合会の活動の先行事例を参考にして、時には組合活動の現場を見てもらい、アドバイスしています。例えば、運営会議では、できるだけ多数決ではなく全会一致を目指すための議論を重ねることや、日常的に全員が顔を合わせる時間帯には短時間のミーティングを行うこと、なかなか意見が言えない人がいる場合には事前にアンケートを取ることなど。さらには、個別面談をして、一人ひとりの考えを聞き取るようにしていることも紹介しています」

労協は、株式会社やNPO法人、一般社団法人などとは異なり、「実際に汗を流して働く人(労働者組合員)が中心となる組織形態」である分、そこに参加する人全員が協同労働による事業運営をしっかりとつかめるように、細かいサポートをすることが重要だと、高橋さんは考える。

「特にベースとなる組織がなく、一から事業をつくる場合は、簡単にはいきませんから、いきなり法人格を取るのではなく、任意団体として試行錯誤する期間をつくるのも大切だと思います。働く者同士が話し合い、試行錯誤するなかで、協同労働が生まれてきて、その結果、労協として本格的に始動していく。そういうプロセスが大事なのではないでしょうか」

高橋さんが行っているような「伴走型」のサポート活動を、ワーカーズコープ連合会では推進している。労協設立を目指す人たちからの問い合わせを受けたら、労協のつくり方や実践のガイドブック（『協同ではたらくガイドブック』）を提供し、定款を作成するなどの設立手続きの説明もするが、全国にあるワーカーズコープ連合会の加盟組織とつなぎ、実践現場との関わりを通じて、労協の理念と運営を学んでもらうことを重視する。四〇年以上にわたって行われてきた協同労働のノウハウを共有し、一緒に考えていく〝伴走〟が、設立の際、一番の力になるという。

東京都三鷹《みたか》市で二〇二二年一〇月にオープンした「量り売りとまちの台所　野の」は、その「伴走型」サポートを受けながら、労協になることを目指して立ち上げられた合同会社（出資者＝社員＝経営者という形の会社で、すべての社員に会社の業務や経営に関する決定権がある）だ。高橋さんが語ったように、いきなり労協として動き出すのではなく、まずは協同労働の実践に取り組むことが肝心だと考えたメンバーが、設立趣意書や「野の憲章」と呼ばれる目標を掲げた文書を作成し、合同会社として事業を始めた。運営メンバー（社員）は、三鷹・武蔵《むさし》野《の》地域に住む八人。福祉職、料理家、学生など、職歴も年齢もさまざまな人たちが、互いに声をかけ合い、つながり、協同で事業を運営している。

店は、JR三鷹駅から徒歩六分のところにある、しゃれたコインランドリーに併設されたスペース。ガラス張りの入り口を入ると、「まちの台所」と称する飲食スペースとキッチンがある。そこでは、地域で料理を提供したいという人が、日替わりで出店している。その奥に、自然環境に負荷をかけない調味料や野菜、穀類、麺類、飲料、日用品などを量り売りする店がある。ゴミを出さないために、客は自ら容器を持ってきて（あるいは、店に用意されている容器を購入して）、必要な分量だけ買う。また、地産地消を目指すために、できる限り地元産の商品を扱い、「まちの台所」でもそれを使った料理を提供する。

取材当時、メンバー最年少だった国際基督教大学（三鷹市）四年生、岡田光さんは、卒業論文を書く傍ら、週に一日、「野の」で働いていた。持続可能な食と農業システムに関心があり、大学でも「地産地消プロジェクト」サークルで活動してきた。近郊農家が生産する農産物を学生食堂に取り入れたり、学生寮の寮生向けに販売したりするなかで、地域で同じような関心を持つ「野の」のメンバーと出会う。

「最初は、市内に新設されたシェアスペースで量り売りの店を開くことを計画したんです。でも、メンバーそれぞれのやりたいことや、やり方のアイディアの共有などが不十分なまま走り始めたために、目的が不明瞭になってしまい、計画を練り直すことに。ただ、〝誰かが代表になるのではなく、全員が経営に関わり、出資して、協同労働でやりたいね〟ということは、初めから皆が共有している考えでした」

メンバーは、ワーカーズコープ連合会のイベントや相談会、『協同ではたらくガイドブック』などを通して学び、労協への移行を念頭に、合同会社を設立した。

「会社と言っても、メンバー全員が出資し、一人一票の権利を持って経営に携わっている点は、労協と同じです」と、岡田さん。「市民が立ち上げる、草の根運動的なところがいい」と話す。

取材当時、「野の」では、皆が意見を出し合い、ともに商品の選択や仕入れ、販売などの経験を積んで、事業を軌道に乗せるべく奮闘していた。「野の」の設立趣意書に示された活動方針には、別の職場や職を持っていても地元（地域）で仕事をしてみたいという人が働き、仕事を通じて世のなかを変えていきたいと書かれている。メンバーが互いに尊重し合い、働き方や働く場を築く過程を大切にしたい、とも。そうして、地域につながりを取り戻し、暮らしを自分たちの手でつくり上げ、自然に助け合いができる地域をつくることを志す。

「労協が進める『協同労働』は、働くことの延長線上に暮らしがある、と感じられるところが、魅力です」

働くということが、単に金銭収入をもたらすだけでなく、私たちの暮らしを真に豊かにすることにつながる。労協法の施行をきっかけに、そうした働き方への関心が社会へと広がりつつある。

ちなみに二〇二四年一二月一日までに、労協法に則って新たに立ち上げられた、もしくは法人格を変更してできた労協は、全国に一一七組織ある（加えて東京都と三重県において労働者協同組合連合会が二法人設立されている）。そのなかには、組合員の職場となっているものもあれば、副業や社会貢献活動の場となっているものもある。キャンプ場の運営や葬祭業、子どもたちのメディア制作体験など、労協としては新しいタイプの事業もあるようだ。もう一つの働き方、もう一つの経済を求める市民が、今、全国各地で動き始めている。

コラム　スペイン・パンデミック下で見た「社会的連帯経済」のしなやかさ

新型コロナが引き起こした世界的なパンデミックは、私たちに、社会の理想と生き方の再考を迫った。そのなかで、「社会的連帯経済（SSE）」はどんな役割を担うのか。二〇二一年七月から八月にかけて取材したスペインの現状から考えてみよう。

暮らしを支える「時間銀行」

二〇二〇年のパンデミック初期、計九カ月余りの厳しい外出制限を課せられたスペインの人々は、辛く息苦しい日々を過ごした。そんな時に活躍したのが、「時間銀行」だ。

時間銀行とは、SSEに含まれる「補完通貨」の一つで、世界各地に存在する。一般に、「○○時間銀行」というグループをつくり、メンバー同士がお金の代わりに「時間」を使って助け合い、学び合うことで、信頼に基づくつながりを築く。例えば、犬の散歩が必要な時、できるメンバーに依頼し、かかった「時間」を支払う。もらった時間は「時間預金」とし、自分が誰かに何かを頼みたい時に使う。グループで習いごとや行事を企画し、講師を「時間」で依頼することもできる。スペインには、隣人グループから市役所まで、多様な主体が運営する時間銀行が、八〇以上ある。

「私たちの町では、時間銀行が生活支援を担いました」

そう話すのは、首都マドリードの北西約一六〇キロにあるバリャドリード（人口約三〇万）の市役所が運営する時間銀行の職員、アマーヤだ。町の時間銀行には、パンデミック当時、市民六二六人が登録、約半数が活発に活動していた。その信頼のネットワークを駆使して、外出制限下で手助けが必要な人のためのボランティアを一〇〇人以上集めた。

ボランティアの一人は言う。

「電話をもらっては、自転車で駆け回りました。必要な薬を買いに行けず、頼りにしてくれる人もいたんです」

町では本来、赤十字社が生活支援全般を担うはずだったが、細かい要望までは対応しきれず、時間銀行の出番となった。感染時の重症化リスクが高い人のための買い物代行に至っては、時間銀行が頼みの綱となり、「スーパーでは、時間銀行のボランティア専用のレジまでできました」と、アマーヤ。

各地の時間銀行でも、助け合いが進んだと同時に、時間銀行メンバー同士も、オンライン活動で絆《きずな》を深める。それは世界各地の時間銀行との連帯も可能にし、スペイン語・ポルトガル語圏の時間銀行をつなぐ「イベロアメリカ時間銀行協会」では、国境を越えたオンラインイベントが続いた。

ネットワークのなかに身を置く

二〇二一年八月、マドリード州の東方、アラゴン州の州都サラゴサでは、市内や近郊にある六つの労協の組合員が、朝食会を開いた。各自治州のSSEに属する組織をつなぐ「オルタナティブ連帯経済ネットワーク（REAS）」のアラゴン支部と、「社会的経済スペイン企業連合（CEPES）」のアラゴン支部の主催だ。場所は、自転車修理・販売・レンタル協同組合「ラ・シクレリーア」が町の中心で運営するバルになった。

「ラ・シクレリーア」のアルトゥーロは、開口一番、「感染予防のために、自転車の利用は品不足に陥るほど増えました」と、語った。エコ建築やリフォームなどを手がける協同組合で写真撮影を担当するエリッサも、「環境や住まいのことを考える人が増え、建築やリフォームの依頼が続いています」と話す。ただし、写真の仕事は減ったため、組合員四人で収入を均等に分け合っているという。

精神障がい者支援に取り組むサルバドールは、日頃からつながりのある市・州政府に医療従事者用のマスクや防護服の生産を請け負う提案をして予算を得たことで、新たな可能性が開かれたと言う。

サラゴサでの朝食会に集まった労協の組合員たち

経営・法律コンサルタントのピラールも、政府の緊急支援策である一時解雇給付金や年金給付などの手続きがオンラインになったため、対応できない人がこぞって相談に来て、大忙しだったと話す。「生活に困っている人から手数料を取るのはためらわれ、REASの仲間に悩みを相談しました」。

子どもや若者の地域参加を促すワークショップを実施するマリカルメンは、一時解雇給付金などを使って危機に対応したと語り、こう言い添えた。

「苦しい面もあったけれど、絶望感はありませんでした。仲間のネットワークのなかにいるだけで、安心できた。競争するのではなく協力し合い、喜びも苦しみも分かち合っていますから」

連帯が築くレジリエンス

彼らの安心感の根底には、スペイン社会におけるSSEの存在の大きさがある。スペインでは、人口の四割以上がSSEに何らかの形で関わっており、その経済活動はGDPの約一〇％を創出。REASやCEPES、労協の全国ネットワーク「スペイン労働者協同組合連合会（COCETA）」などは、連帯を強化しSSEの存在感を高める役割を果たしてきた。

「パンデミック下では、労働者や事業経営者らとの対話を活発化させました。特にサービス業を中心とする分野で一時解雇の問題が発生したので、政府が打ち出した一時解雇給付金制度が確実にSSEの企業・組織へ適用されるよう、関係省庁に働きかけました」

CEPESの国際関係コーディネーターのカルロス・ロサーノは、そう話す。

スペインでは、二〇二〇年一月、「労働・社会的経済省」が創設され、CEPESと中央行政機関をつなぐ窓口が増えた。おかげでCEPESは、政府に緊急支援についての要望を迅速に伝えられた。加えて、各自治州政府にも、SSE関係者が国と州の支援策を併用できるよう、要請。SSEに属する企業・組織には、各ネットワーク組織を通じて、政府の支援策に関する情報提供や手続きのアドバイスなども行った。その結果、例えば労協で仕事を失った組合員は、一人もいなかった。

また、ＳＳＥは、パンデミック中、特に食品生産業、農業、漁業、医療分野において、業界全体を牽引する働きをしたと、ロサーノは言う。一般企業・事業主と異なり、ＳＳＥに携わる人たちは安価な輸入材料・品物に頼ったり、移民の季節労働者に依存したりしていない分、どんな状況下でも品とサービスを継続的に提供することができるからだ。

「ＳＳＥのレジリエンス（回復力）とイノベーション力の高さが証明されました。それは、これからの時代にも大きな意味を持つことになるでしょう」

もう一つのノーマルの中心

ＣＯＣＥＴＡ代表のパローマ・アローヨは、「パンデミック後の世界では、ニュー・ノーマルではなく、〝もう一つのノーマル〟を築かなければなりません」と、強調。単に「パンデミック以前と違う」のではなく、「真に豊かで持続可能な」日常をつくることを訴える。

「今必要とされている経済が、すべての人に尊厳ある暮らしを保障するＳＳＥであることに、間違いはありません」

二〇一一年に世界で初めて「社会的経済法」（ＳＳＥを推進する法律）を成立させたスペイ

ンには、これまで長い年月をかけて、行政や教育現場などと連携する仕組みやＳＳＥの枠組みでの起業の意義やノウハウを広めてきたＣＯＣＥＴＡやＲＥＡＳ、ＣＥＰＥＳの存在がある。その地道な取り組みが、パンデミックを経て、ＳＳＥを時代の中心へと推し出そうとしている。

第三章　社会的連帯経済を支える金融

どんな経済の枠組みのなかで活動する事業組織にとっても、事業を展開していくための資金は重要だ。「社会的連帯経済（SSE）」を構成する組織のなかには、仲間を支えるためにできた金融機関がある。その代表的なものは、世界中に広がっている信用金庫や信用協同組合（信用組合）だろう。それらは、地域の住民や事業者が利用者（会員や組合員）となって、互いに地域のために助け合う協同組織として活躍している。日本でも、信用金庫や信用組合のような金融機関が、全国各地に存在する。

経済を通して地域のつながりを活性化するという意味では、「補完通貨」、いわゆる「地域通貨」も、SSEの基盤づくりに大切な役割を果たす。どんなコンセプトでどんな仕組みを用いて利用を進めるかによって、その有効性は大きく変わる。

SSE推進に力を注ぐ欧州では、そのほかに「倫理銀行」と呼ばれる金融機関も広まっている。倫理銀行は、単に地域の事業に融資するのではなく、社会面や環境面での意識や貢献度を審査基準として、融資先を決める。それは、資金運用による利潤追求を第一とする既存の金融システムに不満を抱く市民が、より民主的で持続可能な社会を築くために役立つ新たな銀行を求めるなかで生まれたものだ。自分の預金を、環境破壊を引き起こしたり、途上国で労働者搾取をしたりするような企業への融資に使ってほしくない。人の暮らしと環境を第一に考える事業にこそ融資すべき。そう考える預金者が集まり、倫理銀行を支えている。その会員には、ＳＳＥの事業組織自体が加わっているケースも多い。日本の「ＮＰＯバンク」と総称される市民主体の非営利で融資を行う金融機関は、倫理銀行に近い形で事業を行っていると言えるだろう。

世界に数多くの法定通貨と巨大金融機関があるなか、なぜこうしたＳＳＥのための通貨や金融組織がつくられてきたのだろう。三つの事例を通して、探ってみよう。

銀行は経済発展のために融資

銀行は一般に、株式会社、つまり営利法人として経営される金融機関だ。日本では、その銀行が、業務を適切で健全な形で行うことを通して「国民経済の健全な発展に資すること」を目的に、銀行法が制定されている。つまり銀行は、その法律に則って、経済の発展のために業務を遂行しているというわけだ。ここで問題となるのは、「国民経済の健全な発展」の中身だろう。銀行は、原則として、預金・融資ともに制限なく取り扱うことができるが、それを通してどんな経済発展を目指しているのか。少なくとも日本では、第二次世界大戦後、ずっと資本主義経済の競争原理に基づく、利潤追求型の経済発展を求めてきた。そのために、銀行は、高い利潤を上げそうな企業への融資に預金を注《つ》ぎ込み、その事業が社会と人々の生活に長期的に貢献するかということには、あまり注意を払ってこなかったのではないだろうか。それどころか、むしろ前出の「倫理銀行」を生み出した人々が危惧したような、労働者の生活や権利、自然環境の保全に反する事業にも、大金を貸しつけてきた。

その一方で、中小企業や協同組合のように、地域や人の暮らしに根ざす事業組織には、お金を貸し渋るのが一般的となっている。よほど利益が期待できる事業を運営する組織でない限り、融資を申請しても、なかなか受理されない。非営利の組織の事業を含め、金銭的な利潤ではなく、社会的な意義や人々の利益を重んじる事業への融資は、ほとんど行わないということだ。

そんな現実を前に、SSEの事業組織は、独自の金融機関をつくる必要があった。そこで、一般の金融機関からは融資を受けにくい立場にある人・組織が、必要な資金の融通を受けられるようにつくられたのが、「協同組織金融機関」だ。

協同組織金融機関は、営利を目的とせず、協同組合方式で運営されている。信用金庫、信用組合は、この協同組織金融機関に属する。農協や漁協の信用事業（金融サービス）も、そうだ。そして、もう一つ、日本には「労働金庫（「ろうきん」）」がある。

「ろうきん」は、非営利の金融機関のなかでも圧倒的に大きく、全国に支店を置く組織として広く知られている。非営利で全国展開する金融の組織というのは、一体どのように成り立っているのか。「ろうきん」のビジネスモデルや制度に関わる調査研究に携わる一般社団法人「全国労働金庫協会」の政策調査部部長、山口郁子さんらの話から、「ろうきん」の全体像に迫ってみよう。

働く人のための福祉金融機関「ろうきん」

「就職説明会のパンフレットに書かれていた、〝働く人のための福祉金融機関〟という言葉にひかれました」

山口郁子さんは、「ろうきん」に勤めたきっかけをそう語る。山口さんの心をつかんだ「働く人のための福祉金融機関」という「ろうきん」のありようは、その設立経緯と深く関係している。

戦後、モノもお金もなかった日本社会において、銀行は、産業の復興を優先するために企業には融資したが、労働者個人にお金を貸そうとはしなかった。そのため、貧しい庶民は病気やケガなどへの備えもなく、生活に困っても、高利貸しや質屋にしか頼れない状況に追い込まれる。また、人々への食料の供給に欠かせない生協の事業資金も、銀行からの調達は困難だった。

山口さんは言う。

「こうした事態を打開するために、労働組合と生協が立ち上がり、一九五〇年代に『ろうきん』が生まれました。日本中に広がった労働者や市民が参画する運動のなかから生まれた金融機関、という点がユニークなんです」

「ろうきん」は、一九五〇年九月に岡山県で、一二月には兵庫県で誕生したのを皮切りに、全国各地で最初は「信用組合」の形で設立されていく。一九五一年一〇月には、全体をまとめる「全国労働金庫協会」がつくられ、金融機関としての制度や事業を規定する「労働金庫法」制定の運動が始まる。その結果、一九五三年八月に特別法「労働金庫法」が成立し、同年一〇月に施行された。この法律により、「ろうきん」は、大蔵省と労働省（現在は金融庁と厚生労働省）を監督官庁とする金融機関となった。

労働組合や協同組合の組合員の金融機関

「ろうきん」は、すでに述べた通り、「協同組織金融機関」に分類され、労働組合や協同組合の組合員などを対象に事業を行っている。「ろうきん」への出資者は、労働組合、生協、そのほか働く人の福祉向上に取り組む団体（例えば労働組合のない会社の社員共済会など）だ。それぞれの団体が「ろうきん」に出資して会員となり、「ろうきん」はその団体を構成する労働者個人を対象にサービスを提供している。

会員となった団体は皆、預金額の大小にかかわらず、一票の議決権を持って平等な立場で運営に参画する。また、利益は金融サービスなどを通じて会員団体やその構成員らに還元される。

「ろうきん」は、北海道から沖縄までの四七都道府県を一三のエリアに分けた各エリアに、一つずつある。全国の支店数は、合わせて五九六店舗だ（二〇二四年三月末時点）。各エリアの「ろうきん」ごとに、会員団体やその構成員らのニーズに応える形で事業を展開している。「協同組織金融機関として、顔の見えるつき合いをしているからこそ生まれる会員との深いつながりが、強みでもある」と、山口さんは言う。

そんな会員団体とのつながりを生かした仕組みの一つに、「会員推進機構」という組織がある。その組織には、「ろうきん」の各支店ごとに会員団体の組合員や役員から選ばれた複数の「推進委員」がおり、年に数回、「推進委員会」として「ろうきん」職員と会議を開いている。そこでは利用者からの要望や「ろうきん」からの提案などが話し合われる。そうした会議は、都道府県レベル、地域レベル、全国レベルでも開かれる。

例えば、二〇二三年四月の取材に応じてくれた大阪府堺《さかい》市にある「ろうきん」堺支店の推進委員会は、各産業別労働組合から集まった推進委員二八人で構成されている。その委員長で、都道府県レベル（この場合は二府四県）の代表が集まるエリア会議「近畿推進会議」の議長でもある阿部匡伴《こうすけ》さん（大阪ガス労働組合南部支部執行委員長）は、もう一〇年以上、推進委員を務めている。

「私たちの労働組合と『ろうきん』は昔から結びつきが強いので、前任者から引き継いで以来、（推進委員を）続けてきました。推進委員会では、異業種の労働組合の人たちと交流できることが、うれしいですね」

同じく堺支店推進委員会副委員長の林田敏典《としのり》さん（堺市職員労働組合執行委員長）は、取材時、推進委員になってまだ数カ月だったが、会員推進機構のよさをこう語った。

「顧客とこういう形で話し合って、よりよいサービスを提供しようとしてくれる金融機関は、ほかにありません。客というより、同じ仲間として互いに助け合うところが『ろうきん』ならではです」

取材当日には、インタビューの後に、同じ堺支店の会員仲間で開くファミリーイベントの準備会議が持たれた。地域の「ろうきん」職員と会員団体の構成員が、ともに楽しむ行事の計画だ。そこにも協同組織として「つながり」を大切にする「ろうきん」の姿が垣間見える。

「住宅ローンでお世話になった時も、常に職場へ来て相談に乗ってくださいました。そのつながり感がいい」と、林田さん。阿部さんも「私は『ろうきん』のヘビーユーザーです」と言い、銀行の住宅ローンを「ろうきん」に借り換えることができて助かった経験を話してくれた。

こうして築かれてきた会員団体との信頼のネットワークは、数字にも反映されている。二〇二四年三月末の預金残高で見ると、「ろうきん」の預金残高二三兆八四八億円は、全国の金融機関のなかでも一一位（日本金融通信社調べ）と、一般の地方銀行より規模が大きい。それこそ協同組織金融機関としての底力と言えるだろう。

社会的課題に取り組む

「ろうきん」は、金融事業だけでなく、「福祉運動」を通じて、すべての人が共生できる社会の実現を目指していると、山口さんは話す。

「金融事業と福祉運動、どちらか一方ではなく、両輪で運営するところが、『ろうきん』らしさなんです」

「ろうきん」にとって、福祉運動体としてその時々の社会的課題に対応するのは、重要な役割だ。一九四九年、労働組合や生協などが、現在の「労働者福祉中央協議会（中央労福協）」の前身となる組織を結成したことから始まった「労働者自主福祉運動」と呼ばれる相互扶助の運動の担い手の一つとして、全国の「労働者福祉協議会（労福協）」とともにさまざまな課題の解決に尽力してきた。特に消費者金融（いわゆるサラリーマン金融）の被害者救済は、大きな取り組みだったと、山口さんは言う。

一九七〇年代後半、消費者金融は法外な金利で債務者を追い込み、多くの自殺者を出した。それに対して「ろうきん」は、低金利のローンを用意し、多重債務と厳しい取り立てに苦しむ労働者に借り換えを勧める運動を実施する。そうして返済負担の軽減を図ると同時に、労福協や消費者団体、弁護士と協力して、高金利を規制する法律の制定を訴えた。この問題は一九八〇年代にも再燃し、その時は被害を防止するための対策キャンペーンを全国で展開した。二〇〇〇年代になって、消費者金融やヤミ金融の被害による多重債務問題が表面化すると、高金利で無制限な貸しつけに規制をかける法改正運動を強化し、二〇〇六年、ついに貸金業に関わる法律の抜本的改正を実現した。

「日本社会は今、縮んできていると感じています。人口減少で働く人が少なくなる一方で、非正規など不安定な雇用が増えているうえ、コロナ禍では仕事が減り、多くの人が生活困窮に陥りました。そうしたなか、『ろうきん』は返済方法に関する相談や、非正規雇用の人への融資制度なども取り扱い、働く人たちが生活で抱えている課題に、金融を通して取り組み続けています」

山口さん自身も、世田谷支店の支店長をしていた時代、ある取り組みに力を注いだ。自身が「グッドマネー運動」と呼ぶ金融教育の講座だ。マネートラブル、資産運用、年金など、要望に合わせてテーマを選び、山口さんら「ろうきん」職員が会員団体の職場へ出向いて、講座を開いた。そこでどうしても伝えたいことがあったからだ。

「預金や資産運用などを考える前に、まず金融機関を選ぶ基準に〝社会性〟という切り口を持ってはどうか、ということです」

自分たちのお金が、金融機関を通して社会でどう使われているのか。それを考えたうえで利用する金融機関を選ぶ、という提案だ。兵器の製造や石炭火力発電所の建設に携わる会社、児童労働を黙認している企業など、社会に悪影響を及ぼしていると考える事業者のもとへお金が流れていれば、自分もその行為に加担したことになる。山口さんは言う。

「いいお金の使い方をする金融機関を選べば、社会が変わる。私はそう思うんです」

だから、〝グッドマネー〟運動なのだ。

講座は、会員である団体側が場所の提供と参加呼びかけを担当し、共同で実施。山口さんとともに講座を企画、主催したＮＰＯ法人「アビリティクラブたすけあい（ＡＣＴ《アクト》）」（生活クラブ生協から生まれた組織）の前専務理事、大谷和子さんは、その経験をこう振り返る。

「講座を通して、自分たちがきちんと考えれば、相互扶助や協同の理念を共有する人たちの間でお金を回すことができると知り、安心感を得ました。同じ協同組織として一緒に福祉運動をしている金融機関の人が、親身になって相談に乗ってくれたり知識を提供してくれたりするのは、ありがたいですね」

新型コロナのパンデミックに突入して以降、一般向けの講座は休止状態だが、ＡＣＴ事務局の早川みどりさんも「私たちの共済を扱う会議では、勉強会を続けてきました。ＡＣＴの会員向けにも、ライフプラン講座という形で開催したんです。一般向けにも再開したいですね」と話す。また、現専務理事の相川名美さんは、「環境破壊につながる事業などに加担することなく、これからも共感できるお金の使い方を身につけていきたいものです」と、抱負を述べる。

共感に基づき、働く人が互いに助け合う「共助」を広げてきた「ろうきん」。山口さんは、「ろうきん」が労働組合や生協といった会員団体とともに、組織の垣根を越えて、地域の多様な団体や人とつながり、助け合える仕組みをつくるという理想を抱いている。「ろうきん」が誕生した頃に比べると、少子・高齢化の進行、非正規雇用や所得格差の拡大、孤立など、日本社会を取り巻く環境は大きく変化したと感じるからだ。

「課題は多様化しました。職場に労働組合がなく、入りたくても入れない人もいます。支援の行き届かない人たち、誰にも相談できない人たちが大勢いるんです。〝誰一人取り残さない社会〟を実現するためには、多くの個人、組織がつながり、連帯する仕組みが必要です」

そこには企業のような営利セクター、行政のような公的セクターも加わっていなければならないと考える。

「これからは、共助から〝多助〟の時代だと思うんです。企業やNPO、『労働者協同組合（労協）』、そして自治体と、地域の多種多様な人がつながっての助け合い、〝多助〟が求められています。そのなかで、『ろうきん』は、非営利・協同セクターの中核としての力を発揮できると思うんです」

始まりは反原発

「ろうきん」の始まりと発展が庶民の暮らしに直結する社会的課題への取り組みのなかにあったように、日本の「NPOバンク」の誕生の裏にも、大きな社会的課題に対する市民の問題意識の高まりが存在した。しかもその課題は、海外の人々の生活にも深く影響するものだった。それは、原子力発電だ。

「江戸川区で反原発運動をしていた市民グループの活動が、きっかけでした」

NPOバンクのさきがけ、「未来バンク」理事長を務める環境活動家の田中優さんは、そう語る。未来バンクの構想は、一九九〇年代、田中さんが地元・東京都江戸川区の仲間と運営していた市民団体「グループKIKI」が、日本の支援によるインドネシアへの原発輸出について調べたことに始まる。グループKIKIは、その原発輸出に反対していた。

「調査した結果、私たちが阻止しようとしていた原発輸出をはじめとする日本の開発援助の大部分が、郵便貯金を資金源としていることがわかりました。郵便貯金の預金残高は、政府の一番の財源である税収額の三倍を超えていました。郵便貯金は、政府の『第二の予算』と呼ばれた財政投融資（国の政策実現のために公的資金を投融資する制度。二〇〇〇年度までは郵便貯金や年金積立金などの個人資金を財源としていた。二〇〇一年度以降は、国債など市場から資金を調達している）の主な資金源となり、財政投融資によって政府開発援助（ODA）や日本輸出入銀行（海外経済協力基金とともに「国際協力銀行」へ移行）へと融資されていたのです」

この調査結果の詳細は、一九九三年に『どうして郵貯がいけないの　金融と地球環境』（グループＫＩＫＩ、北斗出版）として出版される。当時の状況は、現在でも変わらないと田中さんは言う。私たちが銀行に預けているお金は、さまざまな環境破壊行為に結びついているということだ。

「地球温暖化を引き起こす石炭火力発電へ資金を提供しているのは、日本の三大メガバンク。私たちは、既存の銀行にお金を預けるシステムから抜け出さない限り、地球環境を破壊する悪循環から逃れられないのです」

田中さんたちは、その悪循環を断ち切るために、「自分たちのバンク、市民バンクをつくらなければ」と考えた。そうして一九九四年四月に設立されたのが、現在の未来バンクの前身である「未来バンク事業組合」だ。

「バンク」と言っても、銀行法に基づく銀行ではない。銀行の設立は、多額な資本金など厳しい条件があるために、難しい。そこで、まずグループＫＩＫＩの仲間三〇人ほどを中心に計画に賛同する人が集まり、民法上の組合契約に基づく組織（市民の集まり）として発足。未来バンク事業組合の組合員から約四〇〇〇万円の出資金を集め、貸金業法に基づいて設立した融資部門「未来舎」を通じて融資する事業を開始した。

その後、田中さんたちは、一般社団法人「天然住宅」（森を守り、健やかに暮らすため、化学物質を使っていない国産木材を用いて長持ちする家を建てる団体。現在は株式会社）を立ち上げ、その活動を金融面で支える「天然住宅バンク」を、二〇〇八年に創設する。二〇一九年二月からは、未来バンク事業組合と未来舎、天然住宅バンクが合併して、現在の未来バンクとなった。

金融に市民の意志を持たせるNPOバンク「未来バンク」

「一九九〇年代、未来バンクが動き出すと、各地で市民バンクをやりたいという人たちが、次々と独自のバンクを立ち上げていきました。それが今、NPOバンクと呼ばれているものです」と、田中さん。

日本のNPOバンクのネットワーク組織である「全国NPOバンク連絡会」によると、日本には少なくとも一三のNPOバンクがある。未来バンクは、そのさきがけであり、最も規模が大きい。

NPOバンクは、市民やNPOが組合員となり、一口数万円単位（未来バンクの場合は、最低一万円）の出資をして資金を集め、地域社会や福祉、環境保全のための活動などを行うNPOや個人に、低利（一〜五％程度）で融資する。普通の銀行に「預金」するのと異なり、「出資」であるため、出資者には出資金に対する元本保証がなく、利息もつかなければ、自由に引き出すこともできない。だが、何よりも自分のお金の運用方法がはっきりと見えることが、魅力だ。

NPOバンクに出資すれば、自分のお金が地域社会の活性化に役立つうえ、グローバル化する世界で気候危機や格差拡大を助長するような事業に使われる心配もない。

未来バンクでは、出資者に「環境、市民事業、福祉、健康住宅、森林保全のためになる活動や（それを）応援したい人にお金をまわし、住みよい地域社会づくりに活用されます」（未来バンクウェブサイト）と、約束している。その理念に賛同する人々が出資しており、二〇二四年六月三〇日時点で、出資する組合員は四八八人、出資金は一億七九〇〇万円以上に達している。出資者の大半は、お金の使われ方について、このままじゃいけないと感じている人たちだ。

そんな出資者の一人、大河内秀人《おおこうちひでひと》さんは、「グループKIKI」で田中さんとともに活動していた仲間だ。文京区と江戸川区にある二つの寺の住職で、若い頃から国際協力にも関わってきた（第五章で詳しく紹介）。日本のODAのあり方に疑問を抱き、田中さんたちと日本政府の海外援助の資金源について調べるなかで、市民の手による金融の必要性を強く感じた。

「海外でも現地の市民としっかりとつながって活動しているNGOのほうが、よい仕事をしています。国内でも、もっと人と人とのつながりに基づく事業にこそ、お金を使うべきです」

出資金に託された人々の意志を糧に、未来バンクは、この三〇年ほどの間に、四五〇件以上、累計一五億三六〇〇万円を超える融資を行ってきた。その融資先や事業内容は、ウェブサイトやニュースレターで紹介されている。出資者や活動に関心を持つ市民に「顔の見える」組織で

未来バンクの融資

2024年10月現在

融資の種類	融資額（最大）	金利	融資期間
つなぎ融資	1000万円まで	1.6%	最長1年
住宅融資	300万円まで	1.6%	最長15年
住宅設備購入融資	200万円まで	1.6%	最長10年
一般融資	300万円まで	1.6%	最長5年
特別担保提供融資	担保となる出資金の10分の8まで	1%	最長10年

あることで、信頼を高め、同時に融資を受ける側の責任感も引き出している。

信頼に基づく融資

未来バンクの具体的な融資対象事業には、環境保全に関わるもの、食の自給や地産地消に関わるもの、風土を生かした地域・まちづくりに関わるもの、子育てや介護に関わるもの、エコロジー住宅や地場木材を利用した住宅購入、などがある。

融資を受けるには、未来バンクの組合員であることが条件だ。融資を受けたい個人・団体は、融資希望額の数%〜一〇%程度の出資金を出して、組合員になる。一度組合員になれば、基本的には何度でも融資を申請できる。

融資の種類は五つあり、それぞれ限度額や金利、融資期間が異なる。ただし、融資額の上限や融資期間は、場合によって理事会などで話し合い、柔軟に対応している。

五つのうちのつなぎ融資とは、すでに決定している国などからの補助金や事業受託費が交付されるまでの間、資金を補うものだ。エコロジー住宅への融資の場合なら、ほかの金融機関から住宅ローンが提供されるまでのつなぎとなる場合もある。

住宅融資や住宅設備購入融資は、文字通り、住宅やそこに設置するソーラーパネル、ペレットストーブなどの設備を購入するためのものだ。

ユニークなのは、特別担保提供融資。これは、融資を受ける人（債務者）以外の組合員が、自分の出資金を未来バンクに「担保」として提供することで可能になる融資だ。未来バンクが特定の事業に融資をする際、リスクが高いと判断した場合には、組合員に対し、出資金を「担保」として提供してくれるよう呼びかける。この時、特別担保提供融資の額は、担保となる出資金の一〇分の八を超えることはできないが、金利は一％に下がる。つまり、組合員が「信頼」を担保に、融資を希望するほかの組合員事業者を応援できるわけだ。

融資の申請をすると、まず未来バンクの理事とアドバイザーの計八人のなかから選ばれた担当者（二、三人）と、面談やメールなどを通して細かいやりとりをする。

「一回の面談だけで融資を決定することはありません。最終的には、八人全員で審査します」と、業務執行理事の佐藤隆哉《たかや》さんは説明する。ちなみに佐藤さんは会社員で、「天然住宅」を建てたのをきっかけに、二〇一九年から未来バンクに関わっている。二〇一一年の東日本大震災をきっかけに、エネルギーや食、健康といった問題に関心を持ち始めたそうだ。

これまでに未来バンクから融資を受けた人たちは、田中さんや佐藤さんたちの問題意識と活動に共感し、その信頼に応える形で事業を実施している。

「お金とは、信用です。〝このお金をいいお金にしよう〟という思いを共有する者同士の貸し借りであるところが、未来バンクの魅力ですね」

そう話すのは、茨城県つくば市で知的障がいのある人たちと有機農業や芸術活動などに取り組むNPO法人「自然生《じねんじよ》クラブ」（第六章で詳しく紹介）の施設長、柳瀬敬《たかし》さんだ。自然生クラブでは、二〇〇五年にグループホームを建てる資金のつなぎ融資を申請したのを皮切りに、過去四回の融資を受けている。

「地方銀行がお金を貸してくれないなか、田中優さんが書かれたものを読んだりしていて、未来バンクにたどりついたんです」

限られた地域や業種に融資する信用組合・信用金庫のような金融機関からも、担保がないとお金を貸さない銀行からも融資を受けられなかったため、未来バンクが頼りとなったという。

多摩川の水環境を守り、その流域に暮らす市民が川とともに健やかに生活するための事業を進めるNPO法人「多摩川センター」代表理事の山道省三さんも、同じ多摩川流域で活動する仲間から紹介され、未来バンクにつなぎ融資を申請した。

「私たちの団体は、会費収入だけでは運営していけないので、収益を得るために国の事業を受託しています。しかし、その受託費が支払われるまでの間、運営費が不足するんです。そこで、未来バンクを利用することにしました」

山道さんによれば、融資を受けた際にきちんと返済を行っていれば、信頼によって融資の継続もスムーズにできることが、未来バンクを利用するメリットだという。

市民による市民のためのクラウドファンディングの可能性

現在、未来バンクが融資の相談を受けたり、融資を決めたりしている事業は、年に一〇件程度だ。お金を借りて返せる市民団体は決して多くないため、融資希望者は減っていると、田中さんは説明する。また、クラウドファンディングが広まったことで、返済が必要なNPOバンクによる融資を受けるよりも、「寄付してもらうほうが楽」だと考える人が増えているようだ。近年、国（日本政策金融公庫）がNPO法人も対象に実施している「ソーシャルビジネス支援資金」という融資の金利が、一般のNPOバンクよりも低く設定されていることも、融資希望者減少の一因になっている。

もう一つ、NPOバンクを長年悩ませていることがある。それは、社会問題化した消費者金融への規制を強化するために改正を繰り返してきた「貸金業法」の下で活動せざるを得ない、という現実だ。貸金業の登録や三年ごとの更新の際にかかる一五万円の手数料も大きな負担となっている。

「資金規模の小さなNPOバンクは、その登録手数料をメンバーが出し合ったお金で払っているんです。おかしな話です」

田中さんは、本来ならば「NPOバンク法」をつくり、その事業目的や意義に沿った法律のもとで活動できるようにすべきだと、考える。にもかかわらず、「企業以外の社会的組織の存在意義を十分に認めないこの社会で法律づくりを主張しても、相手にされていない」と感じる。

そんななか、NPOバンクの可能性を広げるため、田中さんたちは「未来バンクで、クラウドファンディングの仕組みを用いた融資を行う」というアイディアを抱き始めた。

クラウドファンディングは、通常、資金が必要な個人やグループ、団体が、プロジェクトを立ち上げて、クラウドファンディングを運営するサイトにアップし、寄付や出資を募る仕組みだ。寄付・出資をした人(支援者)には、金額に応じて「リターン」と呼ばれる何らかの見返りがある。寄付型、購入型、融資型などさまざまな形式があるが、集まった額の一〇～二〇％前後はサイト運営者に手数料として差し引かれる。

「これは、金利をそれだけ取られるのと同じことです。それならば、未来バンクに集まっているお金を、特別担保提供融資のような形で、組合員が応援したいと思うプロジェクトに渡して、手数料を一%だけもらうほうがいいじゃないですか」と、田中さんは提案する。

確かにそれこそ、市民による市民のためのクラウドファンディングだ。

そうやって出資者一人ひとりの意志を反映する形で集まっているお金を、信頼関係に基づいて応援したいと思う人や団体に託し、地域や社会をよりよくする活動を推進する。市民のつながりから生まれたNPOバンクなら、そんな未来をつくることもできるかもしれない。

地域による地域のための通貨

未来バンクは、市民が自分の意志を込めたお金でよりよい社会を築く未来を思い描いているが、地域通貨という「地域による地域のための通貨」を使って地域社会の未来をつくろうとしている人もいる。二〇一七年、岐阜県高山市で、飛騨《ひだ》信用組合が発行・運営する電子地域通貨「さるぼぼコイン」を立ち上げた古里圭史《ふるさとけいし》さんだ。

「さるぼぼコインを通して、便利な暮らしと豊かなコミュニケーションを地域に広げていきたいんです」

飛騨市出身で、二〇二一年四月の取材当時、飛騨信用組合に勤め、地元の活性化に意欲を燃やしていた古里さん。実は大学入学からの一〇年ほどは、東京で生活していた。

「さるぼぼコイン」が流通する高山市街地には古い町並みが残る

「大学を卒業して就職した会社で、初めて会計や監査といった仕事を知りました。当時はファシリティ部門というところで床下の配線作業などをしていたんですが、自分の時間を使って少しずつ簿記の勉強を始め、公認会計士の資格を取って大手の監査法人で働くようになったんです」

そんな折、父親のつながりで地元の飛騨信用組合からラブコールがあった。

「信用組合のトップの方が、これからは若い力が改革を進めていく時代なんだと熱く語られるのを聞いて、自分も何かに挑戦したいと思いました」

そう話す古里さんには、もう一つ、挑戦に踏み切る理由があった。

「東京で信用組合への転職の相談をした時、年配の上司から『やめたほうがいい』と言われました。地元に戻って信用組合に入り、ダメだった場合、『君の市場価値が下がってしまうことになるから』と言うんです。それで逆に、意地でも地元で力を発揮してやるぞ、と思いました」

当時はまだ世間で〝地方再生〟や〝Uターン〟が肯定的には語られておらず、東京から地方の小さな金融機関に転職するのは、「都落ち扱いだった」と苦笑する。しかし、古里さんにとっては、それが地域通貨の仕掛け人へとつながる、新たなチャンスだった。

「信用組合で働き始めて初めて気づきましたが、地方の経済は、本当に生々しい手触り感のある経済なんです」

東京で企業の会計監査をしていた時は、金額が大きすぎて「まるで数字ゲームをしているような感覚だった」と話す。所有（株主）と経営（会社）が分かれている大企業では、会社がダメになっても経営者個人の財産がすべて奪われるわけではないが、地方経済の主役である中小企業・組織では、自分たちの事業と暮らしが密接に結びついているため、会社と個人、そして地域経済が運命共同体だと感じる。労働者が組合員として働く飛騨信用組合のような「信用組合」組織においては、特にそうだと言う。

「同じ金融機関でも、銀行は株式会社で営利目的の組織ですが、信用組合は非営利。住民が、地域に必要な金融機関を自分たちで出資（飛騨信用組合の場合は、一口一〇〇〇円）してつくり、組合員全員（二〇二四年三月現在、約二万四〇〇〇人）で運営している組織です。だから信用組合では、出資者も労働者もお客さんも、地域住民は皆、イコールなんです」

つまり、信用組合は、地域全体の相互扶助の仕組みのなかに置かれた、地域経済の一部なのだ。全体の経済的地盤が安定し整っていないと自分自身の商売も成り立たないということを、皆が肌感覚で知っているため、同業者間でも、必然的に協力が生まれるという。

信用組合発の地域通貨「さるぼぼコイン」

そんな信用組合が運営するさるぼぼコインは、行政やNPO法人、市民グループが紙で発行するのが一般的だった従来の地域通貨と異なり、モバイル決済の電子通貨だ。かわいい子どもの顔が浮かぶさるぼぼコインのマークは、飛騨地方で昔からつくられている「さるぼぼ（飛騨弁で「猿の赤ん坊」の意）人形」をモチーフにしている。専用のアプリを使って支払いをすると、「あんとう！（飛騨弁で「ありがとう」の意）」という地元の少女の声が流れる。

「かわいくて、親しみやすく、ワクワクする地域通貨にしたいと思ったんです。そして、まず地域経済に一気に広げようと考えました」

古里さんは、そう声を弾ませる。

ユーザーは二〇二三年九月時点ですでに三万人を超え、累計流通額は約八〇億円（二〇二三年三月末）だ。普及の背景には、その利便性と、古里さんを中心とする担当チーム（取材当時七人）が考えたいろいろな仕掛けがある。

さるぼぼコインは飛騨信用組合に口座を持っていなくても、スマートフォンに専用アプリをダウンロードし、飛騨信用組合の窓口や飛騨・高山市内に七台ある専用チャージ機、全国のセブン銀行ＡＴＭでお金をチャージすれば、誰でも利用することができる。支払いも専用アプリを使ってＱＲコードで行えるので、とても便利だ。飛騨信用組合に口座のある人は、預金からチャージすることもできる。また、飛騨信用組合に口座を持つ個人や事業者同士なら、互いの送金にも使える。

利用地域である高山市、飛騨市、白川村には、二〇二四年八月時点で、二〇〇〇以上の加盟店がある。地元のスーパーマーケットチェーンや飲食店、道の駅など、町を歩くと至るところで、さるぼぼコインのマークを見かける。

「主婦は結構使っていますよ」と話すのは、地酒を販売するさるぼぼコイン加盟店でレジに立つ女性。自身も地元スーパーでの支払いは、さるぼぼコインで行っていると言う。タクシーや観光バス、ホテルや民宿などでも使えるので、観光客にも利用されている。ユーザーは誰でもチャージするだけで、一％のプレミアムポイントがもらえるのもうれしい。

地元の人はもちろん地域外から訪れる人が楽しめる仕掛けとして、情報サイト「さるぼぼコインタウン」で特別な利用機会が紹介されている。このサイトには、「飛騨・高山の裏メニュー」と銘打った、さるぼぼコインでしか買えない地元の商品・サービスが並ぶ。日本酒好きにはたまらない「酒蔵でしか飲めない『幻の純米大吟醸』」、おいしいこと請け合いの「工場で食べる『揚げたて』のあげづけ（タレが染み込んだ油揚げ）」、熊の意外な一面を知ることができる「マタギに聞く『熊トリビア』、売ります！」など。古里さんが「地域の業者さんとずっと話し合って考えた」ユニークなラインナップが揃《そろ》う。

行政と連携した取り組みも豊富だ。市に納める税金や公共料金、各種証明書の発行手数料、公立病院での支払いなど、すべてにさるぼぼコインが使える。ほかにも、飛騨市のプレミアム商品券の一部や消費者還元ポイント、マイナポイントをさるぼぼコインで発行したり、移住者や子育て世代への給付金に利用するなど、地域住民の生活に直結する事業がたくさんある。

「災害情報や避難勧告、熊や猪《いのしし》が出たところに近い場所にいるユーザーにはさるぼぼコインアプリを通じて出没情報を届けたりもできるんですよ」と、古里さん。

パンデミック下では、加盟店への支援の仕組みもつくられた。

「加盟店が個々に先払いクーポンを発行できるようにしました。申し込みさえすれば、加盟店はこの仕組みをコストゼロで利用できます。例えば、お寿司屋《すしや》さんのような飲食店は、苦しい状況のなかで、一定期間内に利用できる食事クーポンを発行していました」

なお、このクーポンの有効期限は購入から六カ月以内。地元の商店街との連携では、新型コロナの不況対策としてユーザーへの二〇％のポイント還元キャンペーンも実施された。

こうしたさるぼぼコインの取り組みは、電子マネーを使った地域通貨のさきがけとして、千葉県木更津《きさらづ》市の「アクアコイン」や東京都世田谷区の「せたがやＰａｙ」など、ほかの地域における電子地域通貨の誕生も後押しした。

地域経済を活性化し、変える

「地域の人たちが、さるぼぼコインを使うと地域がこう変わるんだ、と実感できる機会を、もっとつくっていきたい」

そう話す古里さんが、その方法の一つとして思い描いているのが、「さるぼぼコインの年間総チャージ金額の数％を、毎年、基金にしていく」というアイディアだ。

「基金ができたら、そのお金を地域の何に投資するか、毎年、さるぼぼコインのユーザーと加盟店の人たちとで話し合って決めてもらうイベントを開くなどの可能性が、考えられるでしょう」

例えば、公園に遊具を設置していく、町なかにベンチを設置していくなど、ユーザーと加盟店が地域に必要だと思うことを検討して事業を決定し、基金から投資する。そうすれば、さるぼぼコインの利用から基金の使い道まで、市民が自分たちで考えて決定し起こした行動が地域にどんな効果をもたらすのかを実感してもらえると、古里さんは考える。

飛騨信用組合では、二〇一四年八月から一般のクラウドファンディングのプラットフォーム「CAMPFIRE」や「Makuake」と連携して、地域住民が手がけるプロジェクトを企画段階からサポートしている。飛騨信用組合は一切手数料を取らないため、プロジェクトの実行者は集まったお金の一〇～二〇％前後の手数料だけをプラットフォームへ支払っている。

こうした連携を利用して、さるぼぼコインの基金に集まった資金の一部を、その地域発のプロジェクトに投資すれば、本当の意味での「地域による地域のためのクラウドファンディング」が実現するのではないか。古里さんはそんな夢を抱く。

「例えば、年に一回、地元で起業したいという方たちに、プロジェクトのプレゼンテーションを実際に行っていただき、審査員となったさるぼぼコインのユーザーと加盟店の人に一番支持されたプロジェクトへ基金から出資する、というやり方です」

それらはまだ構想にすぎないが、さるぼぼコインに限らず、地域通貨を地域経済のあらゆる場面で活用するためのアイディアとして、画期的だ。

感謝の連鎖で助け合いを生む

二〇二四年三月からは、観光などで飛騨市や高山市を訪れた人が、さるぼぼコインアプリを

「さるぼぼコイン」のスキーム

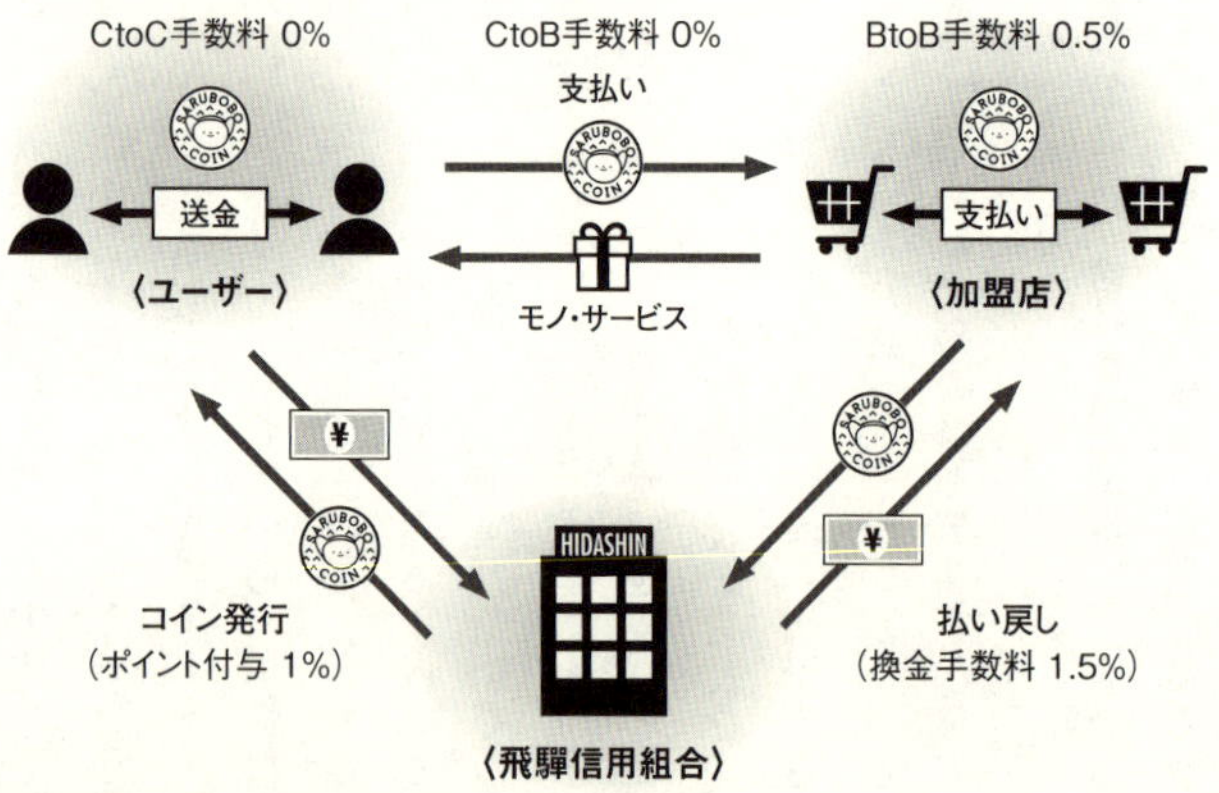

飛騨信用組合提供資料をもとに作成

使って「ふるさと納税」をすると、寄付先の自治体のふるさと納税ポイント（一ポイント＝一円）がその場で獲得できるサービスも始まった。得たポイントは、各自治体の地場産品基準を満たした商品・サービスを提供する店舗で、すぐに利用できる。

便利でユニークなさるぼぼコインだが、その利用状況には、いくつか課題もある。

一つは、加盟している事業者間の支払いでは、なかなか利用されないということ。送金手数料は〇・五％と安いが、事業者は仕入れや販売においても地域外とも取引をしているため、決済は銀行を通して「日本円」で行っている場合が多い。そこでもし地域内での支払いにさるぼぼコインを使うと、その出入金のみ別に確認、処理する手間がかかるのだ。基本的にコインを受け取る側にいる卸業者に至っては、どうしても日本円に換金する必要が出てきて、その換金手数料が一・五％かかることから、利用を渋ることになる。

もう一つは、行政に入ってくるさるぼぼコインを、行政から出ていくお金としても利用できるようにすること。今のところ、市は、入ってくるさるぼぼコインを日本円に換金しているが、さるぼぼコインのままで外へ流れる仕組みをつくれたら、もっと住民に広く利用される地域通貨になるだろう。

また例えば、二〇二三年四月から解禁となった「賃金のデジタル払い」を一歩進めて、電子地域通貨での給与支払いが可能になれば、ある程度、地域通貨だけで循環する経済が築ける。だが現時点では、個人事業者の業務委託報酬の支払いにしか、さるぼぼコインは使えない。

そうした課題を抱えながらも、地域通貨の普及に携わる古里さんは、「お金のやりとりは、コミュニケーションの一つ」と考えている。だから、地域通貨が地域住民にとって、ただ便利なだけでなく、互いに感謝の気持ちを伝え合うための道具となってほしいと願う。

「実はさるぼぼコインには、支払いの際、お客さんが加盟店にメッセージを送れる機能がついているんです。コロナ禍のなかで、お客さんから『ありがとう』とか『がんばってください』といったメッセージを受け取った加盟店さんから、『今までこんなことを言われたことはなかった』という感激の電話をいただいたこともあります」

メッセージを送った人と受け取った人、地域通貨でつながっている人たちの間に感謝の連鎖が広がることこそが、古里さんがさるぼぼコインのような地域通貨を通して描く地域社会の未来だ。

「そんな話を、各地の地域通貨を担うみなさんとしています。特に、『ぶんじ』(二〇一二年に誕生した東京都国分寺《こくぶんじ》市の紙媒体の地域通貨)を運営する影山(知明)さんとは、たくさんお話しさせていただきました」

古里さんは、「お金であり、メッセージカードでもある地域通貨」という「ぶんじ」のコンセプトに深い共感を抱く。

「アプローチは異なりますが、目指すところは同じだと感じています。地域通貨を通して感謝の思いが積み重なっていくことで、自然と地域に助け合いや他者を受け入れる気持ちが育まれ、広がっていく。そんな未来であってほしいです」

そう思いを語る古里さん。現在は、飛騨信用組合を離れ、全国各地で芽生えつつある電子地域通貨のプロジェクトに参画しながら、地域通貨を利用した人々の共感に基づくコミュニティづくりに情熱を注ぐ。

コラム　フードバンク・市民のつながりで食を支える

日本では、まだ食べられるのに廃棄されている食べ物、いわゆる「食品ロス」が、二〇二二年度時点で年間四七二万トンもあった。その一方で、貧困問題は年々深刻化しており、食べるに困る人たちに規格外品などの未利用食品を無償で届ける「フードバンク」と呼ばれる団体・活動は、全国に二七〇以上ある。

そのなかでも、ユニークな事業を展開するのが「フードバンクちば」だ。

きっかけは失業・就職困難者への支援

フードバンクちばは、一九八七年から千葉県で活動する「ワーカーズコープちば」（二〇二二年一二月までは企業組合で、現在は労協法人）が、大勢の失業者を生んだリーマンショック後の二〇一一年、生活支援や就労支援を軸とした地域づくりや仕事おこしの事業を始め、その延長線上に生まれた。代表の菊地謙さんは、言う。

「千葉市の生活保護受給者支援事業を委託された際、長く引きこもっていたりして、すぐに就労するのが難しい人が多いと気づきました。そこで、まずボランティアなど外で働く機会を増やし、就労につなげるプログラムを用意することにしました」

地域のNPOや福祉施設でボランティアとして就労体験のできる場所を探したが、年齢や病気、障がいなどの理由で、既存の組織で働くのが困難な人もいた。そこで、彼らに自前で活動の場を提供するために、フードバンク設立の案が出る。

「東京のフードバンクの人が、応援するから千葉でもつくったら、と言ってくれたんです」

それから二〇一九年三月までは、千葉市から委託された事業の予算でスタッフを配置し、支援対象者のボランティアとともに、運営した。

「二〇一九年三月に市からの受託事業が終了して以降、予算がなくて交通費などが出せないため、生活保護受給者のボランティアは参加が難しくなりました。その一方で、社会的なニーズと認知度は高まり、利用者が増え、忙しくなっていきました」

それに伴い、千葉県内に新たなフードバンクがいくつか誕生し、二〇二三年八月には八団体による「千葉県フードバンク団体連絡会」が設立された。

協同とつながりの賜物

フードバンクちばは、二〇二三年度、計一〇二トン以上の食品を集め、必要な人に届けた。その約六〇%は個人からの寄付で、残りは約九〇社からの定期・不定期の寄付だ。「フードドライブ」を通して、個人からの寄付を集める広いネットワークを持つことが強みとなっている。フードドライブとは、家庭で余っている食品を持ち寄り、地域の福祉団体や施設、フードバンクなどに寄付する活動を指す。

「設立当初は食品がなかなか集まりませんでした。そこで、つながりのあった社協（社会福祉協議会）さんに相談したところ、フードドライブをしっかりやれるようになったんです」と、菊地さん。

それはワーカーズコープちばが県内で培ってきた、さまざまな協同とつながりの賜物《たまもの》だ。

年三回のフードドライブのキャンペーンには、社協を中心に七〇前後の団体が参加し、キャンペーンの周知と市民からの食品受付の窓口（約九〇カ所）を担う。加えて、県内の複数の生協も、店舗や独自の配達ルートを使ってフードドライブを実施し、集まった食品を千葉県フードバンク団体連絡会所属のフードバンクへ届けてくれる。

フードバンクちばに集められた食品は、社協や福祉施設、ホームレス支援団体、子ども食堂などを通じて配られる。生活困窮者は、各支援機関で直接受け取るか、支援機関を通じて「食品配送申請書」をフードバンクへＦＡＸで送り、宅配便で受け取る。困窮者個人ではなく、支援機関を通すことで、福祉的・法的支援にもつながれるようにしている。

市民が支える

事務所兼倉庫では、スタッフ二人とボランティアが働いている。

「子育ても終わったし、家事の合間にお手伝いしています」

そう気さくに話すのは、仕分け作業をする六〇代の女性。積み上げられた箱のなかの食品を、賞味期限別に分けていく。

広いスペースには、缶詰、レトルト食品、調味料など、種類と賞味期限別に分けられた食品が、棚に整然と並べられている。米は、県内の農家や農協から寄付された玄米を専用の機械で精米し、一人分二キロのビニールパック詰めにする。それらをボランティアが、個人宅へ発送するダンボール箱へと詰めていく。一～二人世帯用と三～四人世帯用、サイズの異なる箱に、一～二週間分（計七～一〇キロ）の品物を入れる。

「ボランティアの方には、支援団体から送られてくる食品配送申請書にある年齢やアレルギーの有無、持っている調理器具などに合わせて、中身を選んでもらっています」

そう説明するのは、常勤スタッフの高橋晶子さん。東日本大震災をきっかけにワーカーズコープちばに入り、生活困窮者支援事業に携わってきた。

七年前から関わっている六〇代と七〇代の夫婦は、退職後、たまたまテレビで「フード

賞味期限やバランスを考慮し、食品を箱詰めするボランティア

バンク」を知り、自宅から比較的近いところにあるフードバンクちばでのボランティアを始めたと話す。

フードバンクの使命

ニーズが高まる一方で、日本のフードバンクは、法制度がないために、どこもボランティア団体として活動しており、資金は寄付や助成金頼みで、運営が不安定だ。それに対して、菊地さんが考える打開策は、三つある。国がフードバンクを制度化し自治体が予算をつけるようになるか、企業や生協、社協などと皆で運営資金を出し合うか、フードバンク自体が収益の出る別の事業を並行して行うか。

実は、千葉県フードバンク団体連絡会を

通してフードバンク同士の連携が始まったおかげで、二〇二四年度からは、千葉県が生活困窮者支援の一環として、フードバンクへの助成を予算化することになった。活動の継続と発展に努力を重ねてきた裏には、菊地さんらの「フードバンクは、ただ食品を配っているだけのものではない」という思いがある。

「フードバンクは、さまざまな組織と市民が一体となって、社会を支える仕組みの一つ。その活動を通じて、企業に食品ロスや貧困問題に気づいてもらうのと同時に、地域の人々に身近なところにある問題に関心を持ってもらえることに、大きな意義がある。家で余っている食品を寄付することを通じて問題に気づき、困った時はお互い様という地域の助け合いの文化が育つのではないでしょうか」

第四章　地域の「コモン」を育てる

地域通貨やフードバンクが単なるお金や食の問題の話ではなく、地域のつながりを築く取り組みであるように、「社会的連帯経済（SSE）」を育んでいくうえで確実に重要なのは、そうした地域のつながりが生まれるきっかけや拠点となる空間、それをつくり出す仕組みだ。多様な隣人たちが集う場、ともに過ごす時間があることが、地域を豊かにする。いわゆる「コモン（共有のもの）」が増え、地域の市民生活に浸透していけば、それまで自己責任とされていた、あるいは思わされていたあらゆる事柄が、そこに集まった多くの手に自然とゆだねられるようになり、誰もが安心して生活できる。それに気づいた市民が、「コモン」を育てるために、ユニークな試みを始めている。

つながりの生まれる場＝「のきした」をつくる

東京にあるNPO法人「APLA《あぷら》（Alternative People's Linkage in Asia）」で働く野川未央《みお》さんは、新型コロナのパンデミックでテレワークが定着してきた二〇二一年五月、両親の住む長野県上田市に生活の拠点を移すことを決意。どんな人もつながれる、開かれたまちづくりに、仲間たちと取り組みたいと考える。上田の町には、ゲストハウスとカフェ・シアターを有する文化施設「犀《さい》の角」や障がいのある人たちが創作活動をするNPO法人「リベルテ」、高齢者のための「デイサービスＳｏｒａ」といった芸術文化や社会福祉などの事業に関わる、野川さんと同世代（三〇、四〇代）のユニークな仲間がいるからだ。彼らは協同で、二〇二〇年春、「のきした」と名づけた取り組みを始めた。〝のきした〟とは、雨風をしのぐためにすっと駆け込む、あの軒下のこと。そんなふうに誰でも立ち寄れる、心落ち着く場やつながりを町じゅうにつくったり、見出したりする活動だ。

「のきした」の中心メンバーの一人で犀の角を運営する荒井洋文《ひろふみ》さんは、その始まりをこう振り返る。

「新型コロナでここ（犀の角）に人がいなくなり、お金はない、でも空間だけは、ある。そう思っていたら、一週間ほどしたところで、仲間が集まり始めたんです」

当時は、パンデミックによって誰もが職場などで困難に直面し、それ以前から漠然と抱いていた社会への疑問を強く意識するようになっていた。多様な人と対話し、物事を多角的視点から問い直す場を求めていたのだ。そこに集った「のきした」のメンバーは、状況を変えるためのアイディアを行動に移していく。

まず、家庭で問題を抱え、パンデミックでますます行き場を失っている女性や母子などが一泊五〇〇〇円（二〇二四年現在は一〇〇〇円）で気軽に泊まれる宿「やどかりハウス」を、犀の角のゲストハウスを利用して始めた。市の福祉課や社協など、宿の利用者の問題に対応できる人たちとも連携して、つながりの生まれる〝のきした〟になることを目指す。

食べるにも困る人が増えるなか、軒の角で食べ物をふるまうことも計画する。初回は、年末年始の四日間、寄付された食料品を並べ、必要な人に持って帰ってもらったり、屋外駐車場で炊き出しをやったり、自由に交流してもらおうと考える。だが、一日目の様子を見た「のきした」のメンバーは、後悔の念に駆られる。

「来た人の多くは、むさぼるようにモノを取っていくだけで、何も言葉を交わさなかった。モノが邪魔をして、対話が生まれなかったんです。モノを渡すことは、人を本当に幸せにはしない、と思いました」

そう話すNPO法人「場作りネット」の元島生《もとしましょう》さんらは、二日目から、訪れる人一人ひとりとできるだけ話をするようにし、最終日には、ふるまう／ふるまわれるの区別なく、皆で豚汁をつくって味わった。それからは、みんなでつくって食べる「おふるまい」を、二カ月に一度のペースで実施してきた。二〇二四年七月からは、「おふるまい」は正月限定のイベントとし、代わりに毎月一三日、参加したい人が自由に集まり、食材もできるだけ持ち寄って（足りない分はカンパで買い）、料理を一緒につくって食べる「むすびの日」を始める。そこには毎回、二〇人以上が集まるという。

そんな「のきした」の仲間たちに、もう一つ、野川さんが提案して始めた活動がある。「時間銀行」だ。

「時間銀行」との出合い

「時間銀行」とは、「コラム　スペイン・パンデミック下で見た『社会的連帯経済』のしなやかさ」で紹介したように、一般には、お金を用いず、時間を交換単位として、「〇〇時間銀行」と名づけたグループ内で、メンバーが互いに頼みごと、頼まれごとをする仕組みだ。通常、頼んだ人が引き受けてくれた人にかかった時間を支払い、時間を受け取った人はそれを自分が何か頼みたい時に利用する。そのやりとりは、二者間ではなく多方向なもので、誰が誰に頼んでもいいし、頼んでばかり、あるいは頼まれてばかりでも、構わない。この仕組みの目的は、「時間預金を増やす」ことではなく、やりとりを通じて「時間を共有」し、人とのつながりを通じて暮らしを豊かにすることにあるからだ。

野川さんが、この時間銀行を何らかの形で上田市の仲間とやりたいと考えたのは、拙著『ルポ　つながりの経済を創る』（岩波書店、二〇二〇年）で知ったスペインの時間銀行の活動に深く共感したからだという。

「時間銀行が、難民や移民を含め、そこに暮らす誰もがコミュニティの一員として迎え入れられるための扉となっていることに、心ひかれました。支援する側とされる側といった区別なく、皆が対等な形で隣人関係を築くきっかけとして上田でも使えたらいいな、と」

スペインは、世界各地からの移民・難民が暮らす地域が多い。そこで運営されている時間銀行は、年齢や性別だけでなく、言語や文化、肌の色も多様な人々が参加する、インクルーシブな場だ。個人的な助け合いはもちろん、大勢が一つの活動を通して時間と空間を共有する機会も生み出している。例えば、シリアからの難民が、時間銀行が開くスペイン語教室で言葉を身につけ、そこで出会ったスペイン人の隣人のために、シリアの郷土料理を教える。そうして地域の人がともに過ごし、互いを知り合えば、誰もが何らかの形で誰かの役に立つ。その実感こそが、豊かな暮らしにつながる。

私はスペインで「時間銀行と移民・難民」というセミナーを取材した際、あるシリア人男性がこう話すのを聞いた。

「難民キャンプでは、支援されるだけの毎日で、多くの若者が自殺しました。母国では自分の役割を持って生きていた彼らは、命懸けで国を出てたどりついたキャンプで〝何もできない〟ことに絶望し、自ら命を絶ったのです」

スペインへの移住が認められたその男性は、時間銀行で「私にもできることがある」と、生きる意味を再発見したという。

野川さんは、長年、「APLA」で、日本を含むアジア各地において、持続可能な農業を軸にした地域の自立を目指す人々との協働や、国境を越えた学び合いのための交流などを続けてきた。「APLA」は、「人と人とがつながれば、世界は変わる」を掲げている。その活動を通じて野川さんが感じたのは、対等な立場でつながることの大切さ。そして、日本のように排他的で、異なる社会・文化的背景を持つ人を容易に受け入れない社会は、結果的に「貧しくなる」ということだ。

「それを変えるためにも、時間銀行をやりたいと思いました」

上田市にも、製造業に従事する日系人労働者や技能実習生、留学生など、外国にルーツを持つ住民がいる。そういう人たちも巻き込み、どんな人もつながれる、開かれたまちをつくれたら——そんな思いから、二〇二一年一二月、〝のきした時間銀行「ひらく」〟が始動した。

のきした時間銀行「ひらく」

二〇二二年三月のある金曜日のお昼すぎ、野川さんとともに、上田駅北側の商店街を歩いていくと、のきした時間銀行「ひらく」が開催されている扉の角にたどりついた。なかに入ると、演劇に使う舞台と客席となる板張りフロアのゆったりとした空間が広がる。演劇やライブなどのイベントの時以外は、カフェになっている場所だ。奥のカウンターの少し手前に、小さな黒板が置かれ、そこに「人と人とのつながりをつくる　のきした時間銀行『ひらく』」の文字が躍る。黒板の左半分には、「誰かと時間を共有してやりたいこと・やってほしいこと」が、右半分には「自分ができること・好きなこと」が書かれた付箋が貼られている。編み物や英会話、台湾語など、そこに集う人々の特技や興味のあること、やってみたいことが並ぶ。

そこへ二人、三人と、人が現れ始めた。

「実桜《みお》ちゃん、編み物はどこでやる?」

野川さんが声をかけると、大学生の若林実桜さんが、「じゃあここで」と、小さなテーブルとソファが置かれたところに、何人かでさらに椅子を並べていく。時間銀行の会場に集まってきたのは、大学生や学校へ行っていない少年たち、親子、主婦など。それぞれがやれること、やりたいことを見つけて、おもむろに動き出す。

編み物を教える若林さんの周りには、習いたい人が寄ってきて、アクリルたわしづくりに挑戦する。女性たちに交じって一八歳の青年も、用意された糸と編み針を手に見よう見まねで編み始める。「ここで針を回して」と、若林さんが手元を見せると、皆が覗《のぞ》き込む。

舞台の左端のテーブルでは、夫が台湾出身だという女性が子どもをあやしながら、台湾語を教える準備をする。その右手の大きなテーブルは、時間銀行のオリジナル手帳をつくる作業場だ。「時間銀行のメンバーにはオリジナルの手帳を渡し、誰と何をやったかなど、何でも書き込んでもらおうかと思うんです」と、野川さん。手帳づくりを担当するのは、障がいのある人たちが創作活動をするリベルテの利用者だ。事前に準備したいろいろな形と色の紙をカラフルな台紙に糊《のり》で貼りつけ、手帳をデザインしていく。自分もつくってみたい人は、リベルテのメンバーに交じって、オリジナル手帳づくりに興じる。

しばらくすると、扉の角の斜め前にあるデイサービスＳｏｒａから、高齢の男女が数人、職員とやってきた。編み物に奮闘する若者たちのそばに座って眺めている人もいれば、仲間に入ってミサンガを編む九二歳の女性もいる。八歳の少年が、その隣で紐《ひも》を編む。「ここはどうするの?」と尋ねる女性に、少年は「そこはこう」と、手際よく指導する。誰かが女性に「おばあちゃん」と呼びかけると、すかさず「みちこさんだよっ」と教えた。編み物テーブルの反対側では、七九歳の男性が若者に交じって雑談を楽しんでいる。

手帳づくりはどんどん人が増え、皆夢中になって作業をしている。やがて、時間銀行に集う人の数は、五〇人近くにまで膨れ上がった。

「なんか、すごいことになってます!」と、野川さん。

「本当に開かれた場になっているから、いろんな人が時間を共有し、自由に動けるんですね」

共有から豊かさを育む

翌々日の日曜日。扉の角では、午後一時から五時まで、のきした時間銀行「ひらく」を紹介するイベント「オープンデー」が開催された。「ひらく」はこの時まで、週に一日、午後の時間帯に開かれ、SNSで事前に伝えられる「その日できること」に関心のある人たちが集まっていた。今後も、誰もが自由に提案や頼みごとを提示して、いろいろな人が集まり、それに取り組む場を築いていきたいと、野川さんは考えている。

そのために、この日はより多くの人が興味を持ってくれるよう、入り口近くに長机と椅子を並べて、メンバー登録コーナーがつくられた。野川さんが、時間銀行の仕組みを描いた図を示しながら、時間銀行のコンセプトを説明する。理解できたところで、「じゃあ、自分が好きなことや得意なこと、誰かと一緒にやりたい、やってみたい、といったことは、何かありますか?」と、尋ねる。

スペインの時間銀行では、たいてい、メンバーになる際に、自分が人にしてあげられる具体的な事柄を登録する。一方、「ひらく」では、いわゆる「人の役に立つ」ことではなくても、一緒にそれをやるだけでつながりが深まり、ただ幸せな気分になれることを含め、メンバーが時間を使って豊かさを得る手がかりを、自由に挙げてもらう。誰でも気軽に参加し、時間を共

メンバー登録を行う野川さん（右）と手づくりの手帳（手前）

有することができるようにするためだ。

「僕は、イタリア料理が好き。パスタやピザならつくれるよ」と、一三歳の少年。四〇代の女性が、「私は食べることが好きなので、つくって一緒に食べたい！」と応じる。「人の話を聞くのは、わりと得意かも」と話すのは、ソーシャルワーカーの女性。「習字がやりたい！」と言う人もいる。あれこれ考えを口にする人たちに、野川さんが「ひらく」の仲間であることを示す、できたてのオリジナル手帳を手渡した。

この日は、近隣の市町村からも「ひらく」に興味を持った人が数人、訪れていた。「個別の助け合いではなく、まずは集まって時間を共有することに重きを置き、信頼関係を築いていくというのは、シャイな日本人にも合っていて、とてもいい方法ですね」など、訪問者は皆、

「ひらく」に何かしらヒントを得たようだった。

世界各地にある一般的な時間銀行では、何かをしてもらった人が、してくれた人にかかっただけの時間を渡したプラス・マイナスを、通帳や時間銀行のウェブサイト上の個人アカウントに記録していくが、「ひらく」では少し違う。

「記録よりも、どれだけの時間と空間を人と共有したか、ともに過ごしたかを大切にしたいと思っています。いろんな出会いが起きる場をつくることが、何より大事なんで」と、野川さん。

それは、「のきした」に関わる仲間の共通意識だ。

デイサービスＳｏｒａの八反田《はったんだ》貴史さんは、「誰がいてもいいという雰囲気や、誰もがそこにいるだけで価値があると思えるところがいい」と語り、学校へ行っていない子ども・若者が集まる「うえだ子どもシネマクラブ」の直井恵さんも、「子どもたちの居場所がもう一つ増えました」と話す。リベルテの武捨和貴《むしゃかずたか》さんは、「障がいのある人は、特別支援学校に入ると自動的に社会的関係性が少なくなるので、出ていける場があるのはうれしい」と言い、犀の角の荒井さんは、「『ひらく』の取り組みは、今の資本主義社会のなかに新しい仕組みをつくる演劇を観ているよう」と評する。

「のきした」の仲間たちは、時間銀行「ひらく」を、まちの〝のきした〟がさらに豊かになっていくための、一つの道具として活用している。野川さんは言う。

「リベルテのみなさんがパレードで使う小道具や『のきした』が企画した正月の駅伝用のたすきを、みんなでつくったり、チョコレートをつくってみたいという声を受けて、実際にカカオ豆からチョコレートをつくるワークショップを開いたり。『ひらく』を通じて人が集まり、みんなで手を動かしながらコミュニケーションすることのおもしろさや豊かさが、まちで形になっていくことが何度もありました。そんなふうに続いていくといいですね」

ちなみに、取材したオープンデーを見学に来ていた長野県東筑摩《ひがしちくま》郡麻績《おみ》村（人口約二四〇〇）の住民、和栗由利子さんは、時間銀行に惚《ほ》れ込み、二〇二三年九月から、地元で「わくわくの村じかんぎんこう」を始めた。それは、和栗さんが仲間と立ち上げ、村の子どもやお母さんたちの居場所づくりなどを担う一般社団法人「わくわくの村」という活動の一部となっている。現在の登録メンバーは、およそ五〇人。引っ越しの手伝いや、ペットの世話など、若い人たちが中心となって、柔軟に利用しているという。今後は、村役場や学校なども巻き込み、豊かなコミュニティづくりの一環として活動を進めたいと考える。その活動は、県内のほかの自治体や市民グループの間にも知られるようになり、現在、長野県の行政からも地域活性化の仕組みづくりの一つとして、注目されている。

「私たちの活動のキャッチフレーズは、〝人とのつながりで豊かに生きる〟です。みんなに『この村で生活していると楽しくて、なぜか安心できるんだよね』と言ってもらえることを目標に、時間銀行の仕組みづくりを進めていきたいと思っています」
そう抱負を語る和栗さん。
時間銀行の経験の共有から、また新たなコモンが芽生えようとしている。

増え続ける子ども食堂

コモンを生み出す活動として、日本で最も急速に普及しているものの一つは、子ども食堂だろう。時間銀行は、主に大人社会でのつながりを広く創造・再生していくことを通して、子どもを含むコミュニティのメンバーみんなのコモンを生み出していく活動だが、子ども食堂は、「子どもたち」を軸に、すべての人が安心して暮らせるコミュニティに必要なコモンを確保し、地域力をアップする役割を担おうとしている。

日本の子どもの七人に一人が、平均的な手取り収入の半分以下の所得しかない家庭で暮らしている。そう言われるようになって久しいが、この子どもの貧困問題を前に、子どもに食事や居場所を提供する子ども食堂が次々と生まれ、二〇二四年二月時点で、全国に九〇〇〇以上存在する状況になった。それは、国内の公立中学校とほぼ同じ数だ。子ども食堂を利用する人の数も、推定で年間およそ一五八四万人。利用者の三分の一近くは成人だというから、その役割は単なる子どもの貧困問題への対応ではなく、より広い意味でのセーフティーネット、社会基盤づくりに及んでいるのは明らかだ。

市民のコモンとしての役目を強化している子ども食堂。そうした流れの源には、東京都大田区にある一軒の八百屋の存在があった。

始まりは「だんだん」

カラフルな花や動物などの絵が描かれた壁（現在はベージュに塗られている）の前にベンチや植木鉢が置かれ、入り口には暖簾《のれん》が下がっていた。近藤博子さんが店長を務める「気まぐれ八百屋だんだん」だ。なかへ入ると、右手のカウンターの奥に厨房があり、その前には自然食品や有機野菜などが並ぶ。左手には、テーブルと椅子が置かれた食堂スペース。二〇二〇年三月に新型コロナのパンデミックが始まるまで、ここでは毎週木曜日に子ども食堂が開かれ、近所の人たちが賑《にぎ》やかに食事を楽しんでいた。

近藤さんが「だんだん」で子ども食堂を始めようと思ったのは、二〇一〇年、野菜を買いにきた近所の小学校の副校長からこんな話を聞いてからだ。

「家庭の事情で、給食以外のご飯はバナナ一本という子もいると言うんです。そこで、元は居酒屋の建物でキッチンがある『だんだん』に、子どもたちがあたたかいご飯と具沢山のみそ汁を食べられる場所をつくろうと思いました」

近藤さんは、近所の仲間とどうしたら実現できるかを話し合い、食品衛生責任者の資格を取って、飲食店の営業許可を取得する。そして、二〇一二年八月、子ども食堂をスタートした。

実はそれ以前から、「だんだん」では、地域の人たちが参加するさまざまな活動が展開されていた。

島根の農家で育ち、東京で歯科衛生士になった近藤さんは、四五歳の時、仕事をパートタイムにして、友人の自然食品店の手伝いをするようになる。その後、週末に有機野菜の宅配事業を始めると、自然と地域とのつながりが広がっていった。

「ある時、お客さんに『元気な葉っぱのついた大根が買いたい』と言われ、野菜の仕分けに使っていたこの場所で、八百屋を始めることにしたんです」

店内は、やがて買い物客の溜《た》まり場となり、子どもたちが勉強を手伝ってもらえる「ワンコイン寺子屋」や、学校帰りに気軽に立ち寄れる「みちくさ寺子屋」も誕生する。近所の大人が英語や習字など、いろいろなことを学び直す機会もつくられる。そうした活動のなかで生まれた人間関係や問題意識が、子ども食堂の開設を後押しした。

近藤さんは言う。

「子ども食堂は、単に貧困家庭の子どもに食事を届けるためにあるのではないんです。貧困の救済は国がすべきでしょ？　私たちは地域の子どもを皆で見守り、寄り添い、育てようと思うんです」
「だんだん」の子ども食堂は、木曜日の午後五時半から八時まで開店し、六人のボランティアが栄養バランスのとれた家庭料理をつくって、子どもには上限一〇〇円の「ワンコイン」、大人には五〇〇円で提供してきた。無料にしないのは、「施しにはしたくない」（近藤さん）からだ。子どもたちの面倒を見る大学生のボランティアもおり、毎回、子どもと大人、合わせて五〇～六〇人が訪れていた。

「〝一人で食べにきてもいいんだよ〟〝あなたを歓迎している場所なんだよ〟という、子どもたちへの思いを込めてやってきました。近所のおばちゃんに晩ご飯を呼ばれるイメージです」

そう話す近藤さんは、この活動を通して、地域には貧困だけでなく、親の病気や夫婦関係など、さまざまな問題を抱える家庭があり、子どもの悩みもそれだけ多様だと知る。また、歯科衛生士として「健康と食と歯」を結びつけて考えるなか、忙しい大人とともに食卓を囲むことがないために、いろいろな食材を食べる経験がなく、食べ物を上手に嚙《か》むことができない子どもが多いことにも気づく。

「大人を見ながら体験を通して生活の基本を学ぶ、という機会が減っているんです」

そんな機会を生み出すことも、「だんだん」の役割となっていった。

二〇一五年一月、東京都内で第一回の「子ども食堂サミット」が開催され、近藤さんたちの取り組みがメディアで紹介されると、子ども食堂は全国へと広がっていく。ところが、二〇二〇年三月、新型コロナの感染拡大により、食堂を開くことが困難になり、多くの子ども食堂同様、「だんだん」も予約制で弁当を販売する形にせざるを得なくなった。

子どもが頼れる、話せる場

二〇二一年四月、パンデミック下のある祝日の木曜日。お昼前の「だんだん」では、弁当づくりが進んでいた。

「今日は四〇人分くらい、つくります」

食堂スペースのテーブルにこれからつくるパスタの生地が入ったボウルを置いて、イスラエル人のアイザックさんが言う。通常は毎週木曜日の午後五時半から七時まで販売される弁当が、この日は祝日のため、正午から午後一時まで売られる。メニューも特別版。休日ボランティアに来ているアイザックさんがつくる「じゃがいものニョッキ」だ。

「テレビで子ども食堂を知って、日本にもこんなニーズがあるんだと驚きました」と話すアイザックさんは、この六年ほど前から「だんだん」を訪れていた。そんな彼を中心に、テーブルでは子どもの頃から「だんだん」に通う二〇歳の青年と、区のボランティア情報で探してきた高校一年生の少女が、ニョッキづくりに励む。近藤さんは、女性二人（子ども食堂のボランティアスタッフ）とミートソースとサラダづくりを進める。彼女たちは、手伝うはずだった人が来られなくなり、「近くに住んでいるので」助っ人に入ったそうだ。

ニョッキは、生地をテーブルの上で長細く伸ばしてから、三〜四センチにちぎっては丸め、真ん中にフォークでくぼみをつくってバットに並べていく。

「あ、ドラえもん」「お弁当買う人の誰に当たるかな？」

青年がつくったドラえもん形のニョッキを見た高校生とアイザックさんが、楽しげに目を合わせる。ニョッキの形はつくり手により微妙に異なるが、「サイズが同じくらいなら、形は違ってもいいですよ」と、アイザックさん。その言葉に、つくり手の遊び心が刺激される。

厨房では、女性たちが野菜を刻んだり、ミートソースを煮込んだり、ニョッキが茹《ゆ》で上がった時の準備に忙しい。バットいっぱいに並んだニョッキは、鍋で茹でてソースと絡め、紙製の弁当箱に入れて、サラダやご飯とセットにする。でき上がった弁当は、保温箱に詰め、販売に備える。

「アイザックさんのお弁当が食べたくて、予約してきた子たちもいるのよ」と、近藤さん。アイザックさんは笑顔だ。

正午をすぎると、一人、二人、と弁当を取りにくる人が現れ始めた。一人目は、小学校低学年の少年で、母親と自分の二人分を買っていく。次は小さな子とベビーカーの赤ん坊を連れた母親で、一人暮らしの高齢者も訪れる。「食堂には来てたんですが、お弁当は今日が初めて」と話す女性二人組も。「おばあちゃんが来ているので、予約数より多くもらってもいい？」と尋ねる母娘連れには、「いいわよー、多めにつくってるから」と近藤さん。受け渡しの際には、会話が弾む。

弁当販売がほぼ終わったところで、弁当づくりをしたメンバーも、距離をとってテーブル席に着き、ニョッキを味わった。近藤さんが、「さっきの少年、（ここへ来ることが）外出のきっかけになればいいね」などと、気づいたことを口にする。手伝いの青年にも、「ご飯はどうするの？　ガリガリになっちゃわない？　バナナ持ってく？」などと、しきりに話しかける。連休で会社の食堂で食べる機会がなくなる青年のことが、心配なのだ。

「新型コロナでお弁当販売になってから、かえって一人ひとりと話す時間が増えて、状況がよりよくわかるようになりました。必要なことが増えて、忙しくもなりましたけどね」

近藤さんはそう話す。

パンデミックの間も、「だんだん」は、地域の誰かに必要なことが出てくれば、どんどん実行に移してきた。まず、食料品のお裾分けを始めたが、それを受け取りにくる母親から「ハローワークでパソコンのスキルがないとダメと言われた」と聞けば、パソコン教室を開催し、これから就職活動の若者にも声をかけた。複雑な家庭環境に育ち、金銭感覚を養う機会のなかった若者の将来が気になると、「お金の勉強会」を企画し、つながりのある一般社団法人「ウーマンライフパートナー」の協力で、毎月最後の土曜日に、お金についてのワークショップを開いてきた。

「自分のお金の使い方について、どう思っていますか?」

二度目の取材に訪れた五月最後の土曜日、お金についてのワークショップは、その問いから始まった。子ども食堂に関わる四人の若者が参加し、それぞれの経験を述べる。「スーパーのほうが安いのに、ついコンビニへ行ってしまう」「大袋とか、お得だと思うと買ってしまう」「僕は貯《た》めている」と、答えはさまざまだ。

その後はまず、自分がお金を何に使っているかを書き出し、「消費」「浪費」「投資」のどれに当てはまるかを考える。大半は、必要なものを消費するために使っていたが、なかには「同じものを二つ買っちゃった」「箱買いで、買いすぎてしまう」と告白する子も。講師三人も、値下げや割引といった文句に乗せられてしまった、といった体験談を披露する。

最後は、お金を上手に使うために、買う目的を明確にし、収入とのバランスを考えることなどが、提案される。「収入よりも買いたいものの値段が高い時はどうする?」という問いには、「友達に借りる」「必要なものを必要な時に買えるよう、常に貯金する」「分割払いはどう?」と、次々に声が上がる。若者たちは、驚くほどよくしゃべる。

「この場所に、安心感があるんだと思います。ここで聞いたことをお母さんにも話してあげた、と言う子もいるんですよ」

講師の一人が、終了後にそう教えてくれた。「だんだん」を「子どもたちともっと話せる場にしたい」という近藤さんの思いが、その場に関わる人たちの間にも広がり、大家族のお茶の間のような空間になっているからだろう。

「子どもたちは、やりたいことや言いたいことがあっても、ストップをかける大人はいるけど、相談できる人、頼る人がいない場合が多いんです。でも、ここでつながっていれば、なんとかなるかな、って」と、近藤さん。

「地域力」の中心地

家庭が抱える問題は、家庭内だけに留めず、地域に生きる者同士が互いに声をかけ合い、助け合うなかで解決することもたくさんある。それが、近藤さんが思い描く豊かな地域像だ。

「私の子どもの頃は、近所のおばあさんが一人暮らしになったと聞けば、煮物などを持っていったりしていました。お互い様、が当たり前だったんです。ゆるやかなつながりがそこにあることが、皆の安心を生むと思うんです」

「だんだん」は、今、地域にある学校や大学、店、行政ともつながりを築き、異なる者同士が互いを認め合い、支え合う地域社会を築く拠点になろうとしている。パンデミックによる全国一斉臨時休校の際は、働く母親たちから悲鳴が届き、近藤さんたちは学校給食に代わるワンコイン弁当の販売を実施した。区役所に相談したところ、生活福祉課が、その情報を近隣六つの小学校の就学援助家庭に伝達する役目を担った。それによって、「それまで知らなかった就学援助家庭のお母さんたちとつながることができました」と、近藤さんは振り返る。

また、大田区の母子保健推進協議会委員や地域とつくる支援の輪プロジェクト委員、近所の学校の地域教育連絡協議会委員も務めるなか、こうも感じている。

「行政の考え方が見えるようになり、改めて、現場の声を行政に直接伝えることが必要だと思いました」

二〇二一年一二月一九日（日）、「だんだん」の前の路上では、正午から午後二時まで「こども天国」というイベントが催された。パンデミックイヤーの二〇二〇年には感染予防のためにごく小規模でしかできなかったこのイベントに、今回は三〇〇人を超える子どもや親子連れが詰めかけた。皆、食料品や文房具などのプレゼント袋とできたてのホットドッグを受け取り、玉入れゲームをしたり、クリスマスツリーの絵に願いごとを書いて貼りつけたり、好きな古着を選んだりと、お祭り気分を楽しんだ。

ゲームは、近隣にある東京工科大学の作業療法学専攻の学生やデザインサークルの学生たちが手づくりで用意し、サンタ姿で子どもたちと遊んだ。ホットドッグは地域の業者がキッチンカーで来て、プレゼント。そこには、いつも「だんだん」を手伝っている青年や女性、弁当を買っている子どもや大人はもちろん、通りがかりの移民の家族や大田区副区長ら区行政関係者の姿もあった。

そして、パンデミックを抜け出した今、多くの子ども食堂が再び集まって食事をするスタイルを取り戻しているなかで、近藤さんは、まだ弁当販売の形を維持している。毎月、「第一週と第三週のグループ」と「第二週と第四週のグループ」に分けて、各六〇〜七〇個の弁当を販売する。それは、一度に四〇〜五〇個だったニーズが、二〇二三年夏頃には一二〇個にまで増え、二回に分けないと準備しきれなくなったからだ。

「区の生活福祉課や保健所との信頼関係が築かれて、生活保護の家庭など、お弁当が必ず必要な人が紹介されてくるようになったからです」

なかでも一〇世帯前後ある困窮家庭には、毎回、無料でお弁当を届けている。

「自ら子ども食堂を探して食べにくるほどの元気がない人もいますから、お弁当をやめるわけにはいかないんです」

地域に「子ども食堂への関心」が広がったことで、「だんだん」には入りきれないほどの人が集まることも考えられ、弁当販売と並行して開けるほどの人手とスペースがないなかでの食

「だんだん」に飾られた子どもたちからの感謝のメッセージ

堂再開は、難しいと判断している。近藤さんは言う。

「実は二〇二三年から、近所の小学校で総合学習の一部として、『だんだん』の活動紹介をする機会をもらっているんです。話を聞いた子どもたちのなかには、『子ども食堂に行ってみたい』『ひとのことを考えられる大人になりたい』と言ってくれる子もいるんですよ」

大田区には子ども食堂が六〇カ所以上あるので、関心のある子にはそちらを訪ねてもらえれば、と思う。小学校では、ほかにも、ふだん出会えないような仕事をしている大人の話を聞く「おとな図鑑」という活動や、世界が実際に直面しているような複数の問題を子どもたちだけで解決するシミュレーションゲーム「ワールドピースゲーム」なども実施してきた。

パンデミック下からこれまでの活動を通じて、近藤さんは改めて「子どもを軸にした地域づくり」の大切さを実感している。

「コロナ禍でも『だんだん』の活動はちゃんと続けられるのか、お金は足りているのかなどと、いろいろ心配して声をかけてくれたのは、子どもたちです。子どもたちにとって、信頼関係で結ばれた人たちとのつながりの場は、とても大事なんでしょう。だから、多世代のいろんな人たちとの交流は、子どもを軸に築いていけばいいと思うんです」

そう話す近藤さんの考える理想の社会には、家庭や学校、商店街、工場、公共施設など、多種多様な人と場所が存在し、その中心に子どもたちの笑顔がある。

「子どもたちには、地域の大人はみんな応援しているよ、ということを伝えたい。そして、さまざまな大人や社会とのつながりを通じて、いろんなことを自分ごととして考えられる人になってほしいですね」

コラム　フェアトレード・公正な取引で平等な世界を

途上国の生産者・労働者と公正な価格で商品の取引を行い、彼らの生活の向上や自立を支えることで、格差のない世界を目指す貿易の仕組み「フェアトレード」。日本でも、その市場は急速に拡大し、二〇二三年に市場規模が二〇〇億円を突破した。

現場にいる人たちは、どんな思いでどんな活動を行っているのか。フェアトレードの主要産品・コーヒーと関わってきた株式会社「まだゆめのつづき（旧「豆乃木」）」代表の杉山世子《せいこ》さんに、フェアトレードとの出合いや取り組みについて聞いた。

「一村一品運動」が原点

杉山さんは、独立行政法人「国際協力機構（ＪＩＣＡ）」の青年海外協力隊として、アフリカのマラウイで、「一村一品運動」（各地域が地元の資源を活用して特産品を生み出し、地域経済を活性化する運動）を担う「村落開発普及員」として働いた経験を持つ。その活動を通じて痛感したのは、現地の人々と自分の立場との隔たりだ。支援対象者は、自ら独自の生活手段を生み出そうとしているのに、自分たち支援をする側は、雇用され守られていることに、特に違和感を覚える。

「現地の人にだけリスクをとらせ、私たちが〝支援している〟ことになっているのは、おかしい。将来は独立し、彼らと対等な立場で関わろうと、起業を志すようになったんです」

その準備のために、二八歳で慶應義塾大学総合政策学部へ入学。山本純一教授の研究室が進めていた、メキシコ南東部チアパス高地のコーヒー生産者協同組合「マヤビニック（先住民の言語ツォツィル語で、マヤの人、の意）」との「フェアトレード・プロジェクト（FTP）」に出合う。

山本教授とマヤビニックの関係は、先住民の村々の調査から始まった。その頃、チアパス高地では、グローバリズムの流れのなか、コーヒー公社が安定価格で豆を買い上げる制度が廃止され、生産者は仲買人に豆を安く買い叩《たた》かれるようになった。特に、自治を望む先住民を武力で弾圧する政府関係者によって家族を殺され、土地を追われた人々が設立したマヤビニックは、政府の補助金を拒絶し、経済的に追いつめられていた。そこで、二〇〇二年九月、山本教授はフェアトレードを研究する学生たちに、マヤビニックのコーヒーを日本とのフェアトレード商品にする具体案の検討を持ちかける。FTPの始まりだ。

フェアトレードで起業

杉山さんは、卒業後の起業の中身を考え始めた頃、軸足は一村一品運動の研究に置いたままでコーヒーのフェアトレードに関わってきた自分を振り返り、「まずは、このコーヒーのプロジェクトをしっかりやろう」と決意。それが豆乃木のスタートだった。

二〇一一年八月にマヤビニックのコーヒーを販売するオンラインショップを開設し、一〇月には、株式会社「豆乃木」を設立した。しかし最初は、輸入は別の会社に任せ、自分は販売に専念する。「ただコーヒーを売るために動いているだけ。〝フェアトレードをサポートする人〟でした」。そう表現するのは、フェアトレードは、現地と直接関わりながら商品を輸入販売し、生産者と輸入販売者と消費者が、顔の見える形で取引する仕組みだと考えるからだ。フェアトレードをしている、と堂々と言えるようになったのは、豆を完全に自社で直接買い取るようになった二〇一六年頃から。豆乃木の拠点も、二〇一七年五月に神奈川県藤沢市から故郷の静岡県浜松市に移した。浜松市は同年一一月「フェアトレードタウン」に認定された。

「メキシコに通い、生産者と話をし、豆の選別にも立ち会うようになりました」

杉山さんがコーヒー販売を始めた頃、フェアトレードコーヒーは、品質が悪いというのが一般的な評価で、もっぱら国際協力や慈善の意味で購入する人が多かった。そのため、現地で生産者とフェアで対等な関係を築き、豆の選別の際によい豆を示して同じ質のものを揃えるように要望を伝えるなど、品質向上を求める。すると、変化はすぐに起きた。

「気持ちが伝わったようで、豆の質がどんどんよくなっていったんです」

生産者の笑顔

「私たちのコーヒーの六〇％は、日本、米国、スイスとのフェアトレード。おかげで、生活が安定しました」

マヤビニック（組合員数五九四）の代表、アントニオ・ペレス・パチタンは、二〇二二年一月のオンラインインタビューに、笑顔でそう答えた。

フェアトレードには、途上国の生産者・労働者が持続可能な形で生活向上を図れるように、「国際フェアトレードラベル機構」が定める国際基準がある。「生産者の対象地域」「生産者基準」「トレーダー（輸入・卸・製造組織）基準」「産品基準」の四つで構成され、生産者とトレーダーは、これらの基準を守って生産、取引しなければならない。

四つの基準には、経済・社会・環境の側面で守るべき共通原則がある。経済面では、最低価格の保証、「フェアトレード・プレミアム（奨励金）」の支払い、長期的な取引の促進、必要に応じた前払いの保証などが定められている。

フェアトレード・プレミアムは、最低保証の価格にプラスして支払われるお金で、生産地のコミュニティ全体の生活向上に生かされる。マヤビニックは、この資金で、コーヒーの木の周りに木陰ができるように植林を行っている。それは、フェアトレードの環境面での原則である土壌・水源・生物多様性の保全、有機栽培の奨励などにもつながる。社会面での原則には、安全な労働環境、民主的な運営、差別の禁止、児童労働や強制労働の禁止などがある。

これらの基準・原則を守る形で、マヤビニックは、オーガニックコーヒーを生産し、国外へ輸出する。メキシコ国内でもほぼ全域に取引先を持ち、地元では直接販売も手がける。

互いに思いを馳せる

二〇二四年七月、豆乃木は、会社名を「まだゆめのつづき」に変更。現在、九カ国以上の豆を、合わせて年間約六〇トン扱っている。そのおよそ七割が、自社直輸入だ。杉山さんはさらに世界各地にいい産地を見つけて、直輸入を増やしたいと意気込む。

「生産者とつながることで、お客さんに伝えられる情報も増えます。フェアトレードで生産地の暮らしがどう変わったか、といった情報を丁寧に伝えることで、飲み続けたい、つながっていたいというお客さんを増やしたい」

お客のなかには、一杯飲むことでどれだけのお金が現地に届くのか、尋ねる人もいるが、それよりも「飲み続けることで世界をどう変えていくかが肝心」だと、杉山さん。

「フェアトレードは、買い手よし・つくり手よし・世間よし、三方よしの社会をつくるための、一つの手段になり得ます。その先に、皆が対等でバリアフリーな世界が生まれ、コーヒーを通して、皆が互いの姿にちょっと思いを馳《は》せる、といったつながりを、世界中で生み出していければと思っています」

第五章　市民が社会をつくる

前章で見たように、「コモン」は、今、至るところで市民の手によって創造されている。すなわちコミュニティの豊かさを決めるのは、その地域の行政の政策や企業活動以上に、そこに生きる一人ひとりの市民の主体性と行動力ということだ。市民が、誰にとっても大切なこと、必要なことに気づき、それを実現するために足元から協同することで、地域社会はよい方向へと変わっていく。市民の行動が行政や企業を動かし、ともによりよい社会を築く道を開く。

私たちが取材し続けているスペインでは、特にこの十数年、市民が一丸となって政府に政策変更を促したり、政党を結成して選挙に出ることで自治の力を強化したり、「社会的連帯経済（SSE）」の仲間で始めた新たな取り組みに行政を巻き込んだりと、市民が主役の社会を築こうとしてきた。日本では、市民の間に、自分たちが社会の主役だという自覚がまだあまりないが、コモンで育まれたつながりを通して、その自覚が少しずつ芽生え始めているようにも感じる。それを示す事例を二つ、紹介しよう。

国際協力の現場で見た市民の力

東京都内にある浄土宗の二つのお寺、見樹院と寿光院の住職を務める大河内秀人さんは、第三章に登場した未来バンクの出資者として紹介した人物だ。二〇代の頃、浄土宗東京教区青年会（東京教区四三〇のお寺の一八～四三歳の僧侶が会員）の事務局長として、「ユニセフ（国連児童基金）」への募金活動をしていた。その募金で乳幼児死亡率を下げるための事業が実施されていた、当時、アジアの最貧国と呼ばれたブータンや内戦下のカンボジアに足を運び、こう痛感する。

「現地のことは、行ってみないとわからない、現場の声を聞かないとわからないものだ」

極度な貧困に苦しんでいると思っていたブータンで出会ったのは、質素な暮らしのなかでも自宅の一階で家畜を飼い、二階を住居とし、三階で干し肉をつくって「幸せそうに」（大河内さん）生きる家族だった。

内戦により国が荒れ、多くの難民が生まれていたカンボジアでは、東西冷戦下で共産主義勢力に対抗しようとする資本主義諸国の論理が先に立ち、国際社会からの支援に現地の人々の声が十分に反映されていなかった。

「国際協力では、本来、まず現場の声を聞いて現実を正確に捉え、起きている問題の構造を理解したうえで支援の方法を考えるべき。それはまさに、お釈迦《しゃか》さんが最初に説いたことに通ずるものです。まずは苦しみと正面から向き合い、苦しみの原因や構造を見極める。そして、その苦しみが取り除かれて平安な状態になるイメージを持って、そこへ向かう正しい道を選択していく。それが大切だと再認識しました」

カンボジアの難民支援には、国際機関と日本を含む各国のNGOが関わっていたが、大河内さんは特にNGOの活動に感銘を受ける。「一市民」として現地の人たちとつながって動くNGOのスタッフは、住民参加と地域の自立を目指す支援をしていたからだ。この体験をきっかけに、カンボジアやパレスチナなどで活動する日本のNGOに関わるようになる。

「NGOのように、人のつながりをベースにして各国の市民社会を結びつけていく活動に、大きな意味を見出したんです」

日本においても、住民同士の協力を促し、市民の力を育てることが重要だ。そう確信した大河内さんは、やがて地元でも、コミュニティづくりや市民活動に取り組むようになる。

コモンをつくる寺「見樹院・寿光院」

三〇〇年以上の歴史を持つ見樹院（文京区）は、二〇一〇年、建て替えにより、集合住宅（一四戸）を含む複合施設の伽藍《がらん》「スクワーバ見樹院」として生まれ変わった。寺は普通の住宅のような玄関を持ち、シンプルな木造建築が美しい集合住宅と一体化している。そこではできる限り、雨水や自然エネルギーが利用されており、屋上には菜園もある。「エコ・ヴィレッジ」（大河内さん）だ。

伽藍と集合住宅が一体化した「スクワーバ見樹院」

土地は見樹院のものなので、住宅は一〇〇年の定期借地権を設定した分譲住宅になっている。そうすることで分譲価格が抑えられ、土地も投機対象とならない。三〇〇年は保《も》つ天然住宅（できる限り化学物質を使わない、国産木材の家）のため、契約期間が満了となったら、住人は建物を土地所有者である寺に無償譲渡する契約だ。そのため、通常のように自費で更地にして返さなくていいので、解体積立金もいらない。

「ヴィレッジ」と呼ぶのは、寺と住宅の建物、その住人や周りの人たち、すべてが一つの「共同体」を形成しているからだ。建設事業自体、寺の檀家《だんか》など見樹院に関わる多くの人たちが発案し、見樹院と入居予定者が構成する「建設組合」によって計画、実施された。設計から管理の方法まで、住民が意見を出し合い決めていったのだ。住民同士の関係性が豊かになり、皆が安心して暮らせるコミュニティが形成された。四階にはゲストルームがあり、出産の手伝いにきた母親が滞在したり、東日本大震災後には宮城県気仙沼《けせんぬま》市から避難してきた人に滞在してもらったりしたこともある。住民会議はいつも寺で開かれ、「本堂は子どもの反省部屋」と、大河内さんは言う。

本堂では、講談やコンサートなどの文化芸術行事も開かれる。寺が共同体の中心となり、人々が集う場を提供し、新たな結びつきと信頼の文化を育てている。

「もともとお寺というのは、〝共〟の世界なんです。日本では、『公共』の〝公〟ばかりが強く、共が弱い。お寺が社会に開かれた場をつくり、共の力、つまり市民社会を育んでいくことが、未来を支える力になると思うんです」

公（パブリック）よりも、共（コモン）の力が大切ということだ。

大河内さんの思いは、自身が住職を務める二つの寺を通じて、具体化されていく。見樹院には、北インドのチベット文化圏・ラダックとの国際協力・交流を行うNPO法人「ジュレー・ラダック」や、途上国のソーシャルビジネスに投資するNPO法人「ARUN《アルン》 Seed」の事務所も置かれ、市民の社会活動の拠点となっている。その見樹院以上に、コモンの力でNGOやNPOと深い関わりを築いているのは、江戸川区にある寿光院だ。

コモンを生かした市民運動

寿光院も、見樹院と同じく三〇〇年を超える歴史ある寺だが、現在の伽藍は一九九九年に建てられたモダンな建築だ。チベット仏教の寺をモチーフにしているというが、正面の丸いステンドグラス風の飾りは教会のような雰囲気も感じさせ、信仰にかかわらず誰もが受け入れられる空気が漂う。敷地の片隅には古い家が建っており、住む場所に困った移民などのためのシェアハウスとして利用されている。「大乗仏教はすばらしい」と話す米国人のトムさんがそこに暮らし、翻訳・通訳の仕事をしながら、管理人を務めていた。

寺の屋根には、太陽光パネルが並ぶ。大河内さんが地域の仲間と設立し、理事を務めるNPO法人「足元から地球温暖化を考える市民ネットえどがわ（足温ネット）」が、一九九九年の竣工《しゅんこう》当初から設置したものだ。足温ネットの活動は、一九九七年一二月に京都で開催された「気候変動枠組条約第三回締約国会議（COP3）」に向けて、市民が主体的に地球温暖化対策に取り組むべきだと考える住民が集まり、一九九六年一一月に始まった。

「途上国では、国際協力の名のもとに、庶民がより貧しくなるような投資や環境破壊が行われてきました。先進国が推し進める経済開発が、農村と都市の格差を広げ、不公平で非民主的な社会を生み出し、あらゆる場所で自然を破壊してきたんです。その結果として生まれている温暖化問題は、私たちが足元から取り組むべき課題だと思いました」（大河内さん）

足温ネットは、まず、区内に多くある自動車解体業者でカーエアコンを解体する際に出るフロンガスを、回収することを考える。

「区長にも話をすると、私たち市民が言い始めたことが、最終的には区の事業になったんです」と、事務局長で寿光院の檀家総代も務める山﨑求博さん。

事業の成果は、COP3でも発表された。その後も、節電のために冷蔵庫を買い替える資金を無利子で貸しつけたり、市民が自ら出資し太陽光発電による市民立発電所をつくったりと、温室効果ガスの削減を地域レベルから実現していこうと活動を続ける。二〇二四年には、初のクラウドファンディングで、未来を担う子どもたちと気候変動問題を一緒に考え、解決に向けて行動するための絵本『バイバイ、おんだんか!!　チュンと暗やみの森』も製作した。

その一方で、途上国の子ども支援を続けていた大河内さんは、もう一つ、地域の課題に気づく。

「私がアジアの子どもたちへの支援を始めた頃、国連で『子どもの権利条約』が起草され、一九八九年に採択されました。この制定過程やさまざまな議論を見てきたなかで、途上国での紛争や貧困、環境破壊に苦しむ子どもだけでなく、日本におけるいじめや管理教育、援助交際などの問題も『子どもの権利条約』の理念によって救われるはずだ。そう感じて、身近な地域でも、子どもの権利が尊重される社会をつくっていこうと考えたんです」

そこで仲間と立ち上げたのが、市民グループ「江戸川子どもおんぶず」だ。その活動拠点は、寿光院の所有地に建つ空き家を利用した「松江の家」（松江地区）。市民立発電所の太陽光パネルをリニューアルする際に取り外したパネルと中古のバッテリーを組み合わせ、電力会社からの供給を受けずに電力を賄う、オフグリッドのモデルハウスだ。そこでは、大河内さんを含む一〇人ほどのメンバーを中心に、子どもの居場所づくりや、子どもの権利条約の普及のためのワークショップなど、いろいろな活動が展開されている。

「二〇〇一年末に、チャイルドラインをやることから始まったんです」と、中心メンバーの一人、青木沙織さん。「チャイルドライン支援センター」の支援を受けて「えどがわチャイルドライン」をつくり、電話で子どもの声に耳を傾けることから始まった活動は、地域の子どもたちともつながり、その声をさまざまな形で表現する機会を生み出していく。そして、大人と子どもが一緒に、子どもの権利が尊重される持続可能な社会をどうつくっていくかを考え、行動するための地盤を築いてきた。

「私たちが目標として掲げてきた『江戸川区子どもの権利条例』が、二〇二一年にやっと制定されました。その過程において、区主催の中高生から意見を聞くワークショップを任されたんです。二〇人ほどの中高生が参加してくれて、二回開催しました。そこで上がった声を反映する形で条例ができたので、今度はどうやって周知していくかを考えているところです」

ちなみに、地域性を大切にしてきた「えどがわチャイルドライン」は、「チャイルドライン」という名称が二〇〇九年、チャイルドライン支援センターによって商標登録され、全国統一番号のフリーダイヤルとして運用されるようになってから、活動を休止している。

地域で市民社会を育む

江戸川区に寿光院が所有する土地や建物では、ほかにもさまざまな市民団体が共生しながら活動している。

松江の家から近い「ほっと館」は、NPO法人「ほっとコミュニティえどがわ」が、寿光院の所有地に建設して運営する高齢者住宅だ。建物一階は、地域の人たちも利用できるコミュニティレストラン「ほっとマンマ」で、毎週土曜日には近隣の高齢者のためのデイサービスに、月一度は子ども食堂に利用されている。二階と三階が住宅で、「施設か、自宅か」ではない高齢者の新しい住まいの選択肢を、地域につくり出している。

「ここでは介護度や年齢による制限はありません。最後まで自分らしく生きたい、いろんな人と関わりたいという人が暮らしています。地域のお祭りやサークルに参加している方や、ここで麻雀《マージャン》教室を開いている方もいますよ」（「ほっと館」スタッフ）

取材時には、平均年齢九二歳の女性九人が住んでいた。住人にはもう一人、「同居人」と呼ばれる三五歳の男性も。スタッフがいない夜間は、若い住人の存在が、心の支えになるからだ。若者にとっても、仕事からの帰りが遅い時には夕飯の差し入れをしてくれるおばあさんがいたりと、心和む環境が生まれている。

松江の家の南西には、寿光院が障がいのある人が住み慣れた地域で豊かに生きるための支援をするNPO法人「愛菜会」のために建てた、自立支援施設「あみたハウス寿・光館」がある。そこでは五人の女性が、スタッフのサポートを受けながら生活していた。皆、江戸川区内の作業所へ働きに通っており、交代で働くスタッフ六人も地域の住民だ。「出身地域のコミュニティとのつながりを保ち、そこで働き暮らすことができる施設」だという。

そこにも大河内さんが語る「ヴィレッジ」や「共同体」の思想が息づいている。

そのほか、東小松川地区にあるマンションの二階には、「小松川市民ファーム」と名づけられた寿光院所有の部屋がある。足温ネットや未来バンクなど、大河内さんが運営に参画する団体を含む五つのNGO・NPOが、事務所を置く。どれも、市民自らが地域の課題に気づき、対応し、制度を変えて、社会を形づくっていく、あるいは世界の課題に取り組んでいく、というスタンスの市民団体だ。

見樹院と寿光院の周りには、多様な市民の社会活動が生まれ、つながり、広がっている。それを支え、ともに豊かな市民社会を築いていくのが寺の役割だと、大河内さんは考える。

「自分がいかに他者と結びついているかを大切にしながら、主体的に生きる。市民一人ひとりが尊重されつつ、当事者として参加するコミュニティ、つまり『市民社会』を育むことが、仏教の目指すところでもあると、私は思うんです」

大河内さんとともに地域をつくる市民は、皆、信仰などにかかわらず、その精神を共有している。そうした仲間たちが、二〇二四年、「ふたつのお寺、見樹院・寿光院をまんなかにNPOと市民がまちのために動く」を掲げる、新たな財団「リタ市民アセット財団」を立ち上げた。社会の担い手である市民が、これまで以上にまちづくりに参加、活躍できる仕組みが築かれることが期待されている。

市民が原発と食の安全を考える

見樹院・寿光院の大河内さんらによる市民社会の育成を目指す活動の原点には、一つ、未来バンクの田中優さんらと考えてきた「途上国への原発輸出による人々の暮らしと環境の破壊」という重大な問題があった。原発は、海外だけでなく、国内でも深刻な問題を引き起こしていることは、二〇一一年の福島の原発事故以降、誰もが知るところだろう。

兵庫県宝塚市に住む井上保子さんも、その原発問題に関わったことをきっかけに、市民社会の構築につながる活動を始めた。一つの気づきが、井上さんという一市民の社会的行動を引き起こしたのだ。

「大学の変わり者の先生方に、本当の生き方を教わりました」

京都精華大学で漫画を学んだ井上さんは、市民運動に関わるようになったきっかけを、大学時代に見出す。

「私は、教科書で原子力発電は未来のエネルギーだと紹介された世代なんですが、大学の自然科学概論で初めて〝原発は夢のエネルギーなんかじゃない、ろくでもない電気だ〟と教わったんです。その一九歳の時の記憶が、ずっと頭に残っています」

その後、反原発運動に参加するようになり、全国各地の原発立地場所にも足を運んで、抗議行動を行った。だが、福井県若狭町《わかさちょう》で、「電気を使うだけの都市からやってきて、地元のことを何も知らないのに反対するな」と、地元の高齢男性に面と向かって言われたことにより、無力さを感じる。

「それからは、自分たちの暮らしのなかでやれることをやらなければ、と考え始めました」

一九八六年のチェルノブイリ原発事故の際は、電力会社に太陽光発電への切り替えを訴えたが、「コストがかかりすぎる」と一蹴された。二〇一一年、福島の原発事故が起きて、市民自らの手で再生可能エネルギーを生み出していこうという思いが、一層強くなる。

一方で、若い頃から安全な食品の共同購入を続けている井上さんは、地元・宝塚市で安全な食を考えた農業が続けられることの重要性も、強く感じていた。

「食べ物のことを知ると、その裏にあるさまざまな現実や社会問題が見えてきます。私が好きなバナナを生産する海外のプランテーションでの労働搾取や、水俣《みなまた》病で漁ができなくなった漁師さんたちが甘夏栽培を始めたことなど、食べ物を通して多くを教わり、農業の大切さを痛感しました」

これらの経験が、その後の井上さんの活動に反映されていく。

再生可能エネルギーを広める「宝塚すみれ発電」

福島原発事故の一年後、井上さんは、始まったばかりの再生可能エネルギーの固定価格買取制度（FIT＝Feed-in Tariff　一般家庭や事業者が再生可能エネルギーで発電した電気を電力会社が一定の価格で一定の期間買い取る制度）に注目して、ボランティア仲間とともに、宝塚市に太陽光パネルを使った市民発電所をつくることにする。二〇一二年、NPO法人「新エネルギーをすすめる宝塚の会」を仲間と立ち上げ、反原発の思いを共有する地主が所有する耕作放棄地に、市民自らが資金と労働力を提供して出力容量一一・一六キロワットの太陽光パネルを設置し、発電を始めた。電力会社がやろうとしなかった太陽光発電所を自力で実現したことで、市民ボランティアのモチベーションは一気に高まる。

だが、当初は想定していなかった問題が生じた。太陽光のパネルとパネルの隙間に雑草が生えてきたのだ。雑草が伸びると、その影が発電量の低下などの原因となるため、頻繁に草取りをしなければならない。それが次第に市民ボランティアの重荷となっていった。

この出来事から井上さんは、発電所を市民のボランティア活動を主体としたNPO法人として運営し続けることの難しさに気づく。

「市民のボランティア活動と事業を一緒にするのは、よくありません。NPOは普及啓発活動には向いているが、(発電という)収益事業をやるものではない。お金の使い方もきちんと提示できる株式会社をつくって事業を続けよう、と思いました」

二〇一三年五月、再生可能エネルギーの地産地消を実践する「非営利型　株式会社　宝塚すみれ発電」を設立。「非営利型」には、井上さんの哲学が込められている。

「この会社は儲けるためにあるのではなく、発電事業を継続するための活動資金を捻出しているだけです。市民の出資金を使って、どう地域に貢献するかが、大切なんです」

電気も食べ物も地産地消

井上さんたちは、二〇一六年六月までに、計六つの発電所を宝塚市中心に設置する。自立性を保つために補助金は一切受け取らず、費用は市民からの出資や行政からの融資などで賄った。

つくられる電気は、一カ所を除いてすべて国内最大級の生協である「コープこうべ」（組合員数一七二万以上）が運営する「コープでんき」に販売している。

地域住民であるコープこうべの組合員と、その地域の市民発電所である宝塚すみれ発電との連携によって、「電気の地産地消が持続可能な豊かな社会をつくる」という意識が、市民に広がっていった。さらに、安全な食の源である地元の農業を守りたいという井上さんの思いは、発電と農業のコラボを実現する「ソーラーシェアリング（営農型太陽光発電）」によって形になっていく。

ソーラーシェアリングとは、太陽光エネルギーを、「発電」と作物を育てる「農業」の両方に生かす仕組み。太陽光パネルを地面から三メートルほどの高さに設置し、その下で作物を育てる。太陽の動きに伴ってパネルの下に日陰ができることで、熱が緩和され、作物の成長によい環境が生まれる。井上さんたちは、このソーラーシェアリングをできる限り増やしていこうと計画している。

「宝塚市の面積の三分の二を占める西谷《にしたに》地区は、再生可能エネルギーの宝庫なのですが、人口は減少の一途をたどっていて、二〇二三年には二二〇〇人を割ってしまいました。農地が空き、働き手もいなくなって、耕作放棄地が増えていることに、危機感を抱いています。ソーラーシェアリングで、この状況を変えられるのではないかと思います」

ソーラーシェアリング普及への第一歩となったのは、宝塚すみれ発電所第四号の太陽光パネルの下に広がる市民農園「KOYOSI農園」だ。

「発電を通して、生産者と消費者をつなぐことが大切だと考えたんです。市民農園での発電は宝塚すみれ発電、農地を借りて作付けするのは大勢の市民、農地の管理・運営は地主さん、そして電気の購入はコープこうべで、それを使うのは市民。つまり、電気や作物をつくる人たちと、買って使う人たち、それぞれが自分の責任を果たす仕組みです」

二〇二二年七月後半の週末、KOYOSI農園には、反原発運動をきっかけに井上さんと出会ったという地主の古家《こいえ》義高さんと、農園の土地を借りている近畿大学の藤田香教授（環境経済学）と学生たち、龍谷大学の竹歳一紀《たけとしかずき》教授（農業・資源経済学）、コープこうべの職員やボランティアが、太陽光パネルの下で育つサツマイモの下草刈りと蔓返《つるがえ》しを行う姿があった。三〇人以上が畑の雑草を引き抜き、畝《うね》からはみ出した芋の蔓が地面に根を下ろさないよう、丁寧にもとの畝へと戻していく。家族で参加するコープ組合員の子どもたちは、畑でカエルやバッタを見つけて、はしゃいでいる。

地主の古家さんは、わなを使って捕獲したモグラの死骸を参加者に見せながら、「モグラが畝のなかにトンネル状の穴を開けてしまったため、新たに一〇〇本ほどサツマイモを植え直しましたが、またモグラにやられてしまいました」と説明する。

「KOYOSI農園」の太陽光パネルの下で農作業をする人々

井上さんは「パネルの下が〝涼しい〟ということを感じながら、作業をしてください」と声をかけ、ソーラーシェアリングへの理解につながる体験を促す。

一時間ほどの作業の後、参加者は全員、近くのスペースへ移動し、まずソーラーシェアリングについて、井上さんの話を聞いた。「農園での作業は、必ず環境学習とセットにし、発電だけでなく環境についても考えなければ」という井上さんの思いのこもった体験学習プログラムだ。

昼食をはさんで、今度はコープこうべのスタッフの話が始まる。二〇二一年で一〇〇周年を迎えたコープこうべの歴史のなかで最初に扱った商品の一つを、参加者にクイズ形式で当ててもらう。正解は「炭」、つまり「エネルギー」

だ。

「生協は、設立当初から、地域のエネルギーを支えてきました。だから、子どもたちが大人になった時に安心して暮らせる持続可能な社会をつくるには、再生可能エネルギーが大切だと考えたんです」

コープこうべ運営のコープでんきは、二〇一七年から再生可能エネルギーの普及に取り組み、電源構成が天然ガス七割、そのほかのＦＩＴ電気（太陽光発電のほか、国産木材チップを使ったバイオマス発電も含む）三割の電気を販売している。なかでも、宝塚すみれ発電との連携が可能にした電気の地産地消と、ソーラーシェアリングによる「農業を守りながら発電というエネルギー産業をつくる活動」は、持続可能な地域社会をつくるための鍵となるものだ。

ＫＯＹＯＳＩ農園を含め、西谷地区では二〇二二年時点ですでに八カ所で、ソーラーシェアリングが導入されていた。そのうちの二つは、ソーラーシェアリングの普及啓発を行う一般社団法人「西谷ソーラーシェアリング協会」のものだ。その協会の代表は、ＫＯＹＯＳＩ農園の地主の古家さんが務めている。

「ソーラーシェアリングをもっと増やしていくには、土地を所有する農家の理解が必要。古家さんのような地元の農家の方が事業の中心にいることは、とても大切なことなんです」と、井上さんは言う。

市民主導で地域循環型のまちづくり

井上さんが現在、最も力を入れるのは、「北摂里山地域循環共生圏」の構築だ。これは、環境省が第五次環境基本計画（二〇一八年四月一七日閣議決定）で提示した地域循環型の社会をつくる構想を、北摂（西谷、中谷、東谷の三地区）において具現化していく取り組みのこと。そこで掲げられた目標の多くは、井上さんたちの活躍ですでに実現している。ソーラーシェアリングによる太陽光発電と農業の両立をはじめ、バイオマスの有効利用、農業を守るための獣害対策や養蜂活動による受粉の促進、食の地産地消、体験型学習プログラムの作成と実施などが、それだ。

木質バイオマスの利用については、一般社団法人「徳島地域エネルギー」と連携して、里山を整備し、伐採木をチップ化して近隣でボイラーに使用するところに販売することで、バイオマスエネルギー熱利用を進めている。給湯や暖房には、ボイラーから出る熱をそのまま利用するほうが効率がよく、二酸化炭素排出量は劇的に減るという。

獣害対策としては、増えすぎた野生動物を捕獲し、その命を無駄にしないようジビエ肉や皮革製品に利用するために、井上さんが株式会社「ハウミア」（獣の認証解体処理施設の建設・運営と、ジビエ肉や皮革製品の生産・販売を行っている）に取締役として加わって活動している。養蜂も、「ミツバチの減少によって作物に実がならなくなった」という農家の話を聞き、宝塚市や市内の老舗《しにせ》温泉ホテルの協力を得て、二〇二三年に一般社団法人「宝塚ミツバチプロジェクト」（ホテル社長、養蜂家などの事業者五人が理事）を設立。宝塚の街や郊外でミツバチを育て、その重要性を市民に伝える活動をしている。今では、市内のいくつかの小学校で、環境学習の一環として「宝塚ビースクール」も実施する。子どもたちがミツバチについて学び、その生態を直《じか》に見て、ミツバチを増やすために花を植えるといった行動にもつなげる教育を行っているのだ。

地域循環共生圏を実現していくには、このように地域の行政、企業、協同組合、教育機関、市民組織、一般市民がネットワークを築いて連携し、事業に参加する必要がある。井上さんは、そう確信している。

「反原発運動の際は、行政を目の敵《かたき》にしていましたが、今はうまくつき合い、流れに入ってもらうことが大切だと感じています。県と話をし、宝塚市には再生可能エネルギーを扱う環境エネルギー課もできました。これからも再生可能エネルギーを軸に、関わる人の数を増やし、連携して農業を守り、次々と現れてくる課題を解決しながら、まちづくり全体に取り組んでいきたい。住み続けたいと思うまちをつくることで、常に未来があることを子どもたちに示すことが、大切だと思うんです。夢を語り続け、それを何年かかっても形にします」

市民が夢を語り、そのために行動する社会。それこそが、若者たちに「先が見えない」と言われがちな日本で、今、最も望まれ、必要とされているものなのではないだろうか。

コラム　メキシコ・地域に根ざした連帯経済

ラテンアメリカには、人種的・文化的多様性に基づく独自の価値観を取り込んだ「連帯経済」が広がっている。メキシコでは、特に貧しい先住民農民の多い地域での取り組みが、一つの潮流を築いてきた。人口の約三六％を先住民が占める南東部チアパス州の事例を通して、メキシコの人々が目指す持続可能な経済の姿を探ろう。

自然と共生する

古都サンクリストバル・デ・ラスカサス（サンクリストバル）で、先住民の伝統料理をつくるシェフ、クラウディア・サンティスは、食を通して、先住民の伝統に息づく「自然との共生」の意識を広め、誰もが誇りを持って健康に生きられる未来を築こうと活動する。

そのために、まず毎朝、市場へ近郊農家がその日収穫した作物を仕入れに行く。

「農民が昔ながらの有機栽培で育てた野菜を言い値で購入。農民の仕事を正しく評価し、安全で新鮮な食材を手に入れます」と、クラウディア。

使う野菜は、地元でずっと食べられているもので、ハヤトウリの茎や根、インゲン豆やカボチャの花なども食材になる。

「父母の故郷の村では、食料の大半が家の周りにありました。畑のトウモロコシの間には、さまざまな形や大きさ、味、匂いの食べられる植物が生えていました」

季節によっては飛んでくる羽蟻《はあり》を集めて炒《い》り、おかずにすることもあった。

「そんな暮らしをしていた祖父は、九二歳で畑を耕し、薪を担いでいました。町の六〇代が慢性病に悩むのを見て、食で生活の質が変わる、と思ったものです」

季節の野菜を食べ、穀物を育て、家畜を飼い、竈《かまど》に薪をくべて調理をする先住民は、環境負荷の少ない生活をしてきた。ところが、大農園が農薬や化学肥料を使って安いものを大量生産して販売するようになると、政府の補助金を得て真似《まね》をする先住民農民も現れる。その結果、自然との共生が崩れ、土地は痩せ、生活習慣病を患う先住民も出てきたり、環境破壊につながるゴミ問題も発生した。クラウディアは言う。

「食の〝ゴミ〟の大半は、〝利用できるもの〟です。例えば、主食のトルティージャ（トウモロコシの実を挽《ひ》いたものでつくる薄い円形のパンのようなもの）は、食べ残して少し固くなっても、竈の上で焼けばおいしく食べられます。さらに固くなってしまったら、火にかけたコマル（素焼きの平たく大きな鍋）で香ばしく焼き、お湯に入れてトウモロコシ・コーヒーに。それでも余ったら、家畜の餌にすればいいんです」

地域に広がる連帯

サンクリストバルとその近郊では、植林、有機農業、女性支援、伝統文化の継承など、多様な活動をするクラウディアの仲間が、皆で持続可能な地域経済を築こうとしている。その一人、NGO「コレクティーボ・プラン・ビオマ」のダリネル・バジーナスは、町の教会の脇でコミュニティ・ガーデンを運営し、近隣住民と有機野菜を育てる。家で出る有機ゴミも、堆肥にして利用する。

同じコミュニティ・ガーデン内にあるテラスでは、別の団体「ムヘール・イ・マイース（女性とトウモロコシの意）」が、言語の異なる先住民それぞれが持つ独自の刺繍《ししゅう》を学び合う集まりを開いていた。技術やデザインを継承し、それを生かした衣服を販売することで、女性の自立にも役立てる。そのほか、子どもたちに伝統的な有機農業の大切さを伝えるワークショップなども行う。

有機農業のワークショップは、ダリネルも実施している。そうしたワークショップに参加した若者と子どもたちが、二〇二〇年からグループ「セミジューロ（苗床の意）」で、都市菜園とその意義を広める活動を展開する。

「有機農業を学び、その経験をラップ音楽にして、いろいろなところで披露しています」

有機農業をテーマに自作のラップとダンスを披露する子どもたち

そう話すジョバンニ・ナヘラは、農業技師でラッパー。町外れの一軒家を菜園と作業場にして、子どもたちと堆肥をつくり、廃材でプランターを製作して、野菜を栽培する。セミジェーロに参加する子どもたちは、オリジナルのラップでこう歌う。

「自分の手で、有機野菜つくる！ 私たちはただ、よりよい未来、つくりたいだけ〜」

格差、環境問題と向き合う

こうした連帯経済の背景には、格差解消と環境破壊の阻止を目的とする社会運動が存在する。メキシコの連帯経済に詳しい社会活動家のクラウディア・カバジェーロは、次の四つの運動が特に重要だと指摘する。

まず、一九七〇年代を中心に「解放の神学」を唱えるカトリック教会改革派が支えた先住民農民運動だ。社会的抑圧や経済的貧困のなかに置かれた人々とともに、貧困からの解放や社会正義、権利の尊重の実現のために闘う「解放の神学者」たちは、社会の最底辺にいる先住民農民の連帯と組織化を促した。

その後、一九八五年九月にメキシコ大地震が発生し、首都メキシコシティなどで甚大な被害が出ると、都市貧困層の間でも組織化が進み、都市大衆運動が高揚する。

さらに、一九九四年一月一日、メキシコ・米国・カナダによる「北米自由貿易協定（NAFTA）」の発効日にチアパス州で起きたのが、先住民武装組織「サパティスタ民族解放軍（EZLN）」の蜂起だ。NAFTAのもとでは、多国籍企業がさらに土地や自然資源を買い占め、安く大量生産された食料への依存度が高まり、先住民農民は生きる術《すべ》を失う。EZLNはそう訴えた。彼らは、その後も自らの支配地域で自治や協同組合による連帯経済の実践を続け、メキシコの連帯経済の担い手に多くのインスピレーションを与えている。

そして、二〇〇一年、ブラジルのポルト・アレグレで第一回が開催された「世界社会フォーラム（WSF）」は、新自由主義的グローバリズムによる格差拡大や資源の収奪、環境破壊に対抗し、自然とともに平和かつ豊かに暮らす「もう一つの世界」をつくることを提唱。連帯経済の実践を促してきた。

こうした動きにもかかわらず、メキシコでは依然として多国籍企業と政府による開発が、貧しい農民から土地や仕事を奪っている。これに立ち向かうのが、連帯経済を推進する市民だ。

連帯と贈与と生態系の維持

市民がつくる連帯経済には、三つの重要な考え方が反映されていると、カバジェーロは言う。一つは、文字通り「連帯」。そして、「贈与」と「生態系の維持」だ。

「贈与」とは、お互い様の精神による助け合いを指す。既存の経済は、商品やサービスを提供された側が、提供した側の被った「マイナス」を補填する取引の経済。これに対し、贈与は、何かしらの恩恵はあるだろうと思いつつも、まずは相手のニーズに応じて、見返りの前提なしに必要なモノやサービスを提供する「プラス」の積み重ねの経済だ。そこにはマイナスなしの「満たされた経済」が築かれる。伝統的な先住民社会に見られるものだ。「生態系の維持」は、サンクリストバルの仲間たちのように、地域の自然と共生し、環境バランスが維持される形で暮らすことで、実現する。

現在、首都メキシコシティのような都会を含む全国各地で、これら三つの考え方を軸とする連帯経済の実践が見られると、カバジェーロは述べる。都市菜園、地域通貨を使った地産地消の市、労働者協同組合形式の職場づくりなど。目指すのは、地球環境を正しく理解することで人の命を守り、暮らしを真に豊かなものにする、先住民の知恵を生かした経済の創造だ。

この動きは、欧米の社会的連帯経済にも少なからず影響を与えている。

第六章　コミュニティ（共同体）から始まる未来

夢を語る市民が、経済を含む、社会全体を動かしていく。そんな未来に向かって、私たちは、日常のなかで自分の足場となるコミュニティ（共同体）をどうつくり、どう育てていくのか。それが、二〇世紀後半以降、急速な都市化とグローバル化、そして競争と個人主義で突き進んできた世界において、最も根源的な問いだと、改めて感じる。

思慮深く、かつ行動的で、未来の形成に積極的に関与する市民社会は、市民それぞれが、暮らしのなかに自らの居場所となるコミュニティを何かしら持ち、それに関わるなかで、別の多様なコミュニティとつながっていくことによって、形づくられる。そう考えると、未来は、私たちが身近なところで起こす小さな変革からつくられていく、と言えるだろう。それは、家庭、学校、職場、ご近所、友人や仲間の集まりなど、私たちが属するあらゆるコミュニティで起こす変革だ。

一市民から始まる変革が、コミュニティを通して、周囲へと波及していく。そのように、内なる変化が外へと広がり、より自由な社会を築いていく姿を探しに出かけよう。

目標を立てず自然かつ自由に

二〇二二年四月のある日、茨城県の筑波山《つくばさん》の麓にある米倉庫を改装してつくられたミニシアターでは、地域にある施設の利用者で知的障がいのある人たちが、田楽舞の練習をしていた。有機農業に取り組むその施設では、毎年大体、五月の田植えと九月の稲刈りの時季に、大勢の訪問者を前に、田んぼでオリジナルの田楽舞を披露する。その舞は、海外公演の経験もあり、二〇〇九年には国際交流基金の地球市民賞を受賞した。この日は、出演者が衣装を着て、本番さながらのリハーサルとなった。

「ウォオオオオオオ」

唸《うな》るような声とともに、ステージ中央に立つ仮面の人物が、杖《つえ》を片手にゆっくりと体を回す。何かをすくい上げ、大地に撒《ま》くような仕草に続いて、杖で床に大きな円を描く。そして、「ドン！」と踏み鳴らされた足音を合図に、周囲の太鼓が一斉にリズムを刻み始める。獅子《しし》面の男が三人、太鼓を打ち鳴らしながらステージへ。会話するかのように顔を見合わせ、頷《うなず》き、首を傾《かし》げ、手を振り上げて、愉快に舞う。華やかな着物と笠《かさ》を身につけた二人の踊り子が加わると、ステージはさらに賑やかに。

六人が入り交じる舞が続いた後、彼らの退場と同時に、空気が変わった。水色地に柿色の模様がちりばめられた衣装を纏《まと》った「トップダンサー」、〝ケンちゃん〟こと鈴木健司《けんじ》さんが、厳かな雰囲気を湛《たた》えて現れる。能楽のようなゆったりとした動きで、独自の舞が始まる。その手

みんなが思い思いに表現する田楽舞のクライマックス

先、腕、足、顔、体全体から、彼が今感じ取っている世界の姿が伝わってくる。後から一人「新人」が登場し、ケンちゃんの動きをぎこちなく追うが、表情は柔和だ。

笛や鉄琴の音色も加わり、次々と舞うのは、施設の利用者だけではない。施設長を含むスタッフ何人かも、田楽舞の世界に身を投じている。ある者は獅子に、ある者は娘や老女などに姿を変え、その瞬間を生きる。

クライマックス。ケンちゃんら踊り手の男三人がステージ真ん中に集まり、踊り子や太鼓が奏でる「タンタ、タンタ、タンタ」というリズムに囲まれて、舞い踊る。そこに演出の気配は感じられない。ケンちゃんは貫禄《かんろく》の舞を続け、新人は微笑《ほほえ》み、もう一人はただじっと地を踏み締めて立つ。

この田楽舞を通じて、施設スタッフも利用者も、その場にいる人それぞれが、暮らしのなかでつかんだもの、湧き出る思いや力をあらわにしていく。そこに、真の生きる力や幸せが見える。

「人間の創造性というのは、何か一つのことに特化して発揮されるのではなく、続けてやっているうちにどんどん表れ出てきて、できることが増えるようになるもの。内に秘められた力が、ある時、内から外へひっくり返って出てくるんです」と、施設長の柳瀬敬さん。

一つの目標を立てるのではなく、自然かつ自由に物事に取り組むことで、生きることを楽しみ、そこからいろいろな学びを得ていくのだと語る。

「目標をつくらない。それは案外難しいけれど、農業などはそもそも目標を立ててもうまくいくとは限らない。思ったようにならなくても死にゃあせん、くらいに考えるのがいいんですよ」

生きることから学ぶ共同体「自然生クラブ」

そんな柳瀬さんが運営に携わるのは、自身が設立したNPO法人「自然生《じねんじょ》クラブ」だ。その誕生のきっかけは、柳瀬さんのある思いだった。

「どんなものであっても『学校』という枠組みのなかにいる限りは、ある一時期の学びの場でしかない。そもそも生きていくこと自体が学びとなる場があればいいのではないか」

かつて筑波大学で教育哲学を学び、学生時代は脱学校論やオルタナティブスクールに夢中になった柳瀬さん。卒業後は、群馬県の山間部に当時設立されたばかりだった私立学校、白根《しらね》開善学校で教員として働き始める。全寮制で教員も生徒とともに生活し、自由教育を実践していたその学校で、七年半鍛えられたという。

「(生徒は)元暴走族、障がいのある子、学校に行っていない子など、既製品をつくり出すような従来の学校ではダメと言われてしまう子たちばかりだったんです」

社会科の教員として赴任したはずだったが、音楽も教え、生徒たちとパン焼きや山仕事、農作業などもした。その経験を生かし、その後、学校という枠を離れて、人が暮らしを通して自ら学びを得ていく場をつくることにする。

「まずは私自身が、他人に雇われず自由に生きるために農業をやろうと、筑波の農家を手伝わせてもらいました。そこでは昔ながらの農業を教わったのですが、とてもおもしろくて。そんな時、その農家の方に空き家を紹介されたんです」

筑波山麓にある農家の一軒家で、一九九〇年、柳瀬さんは妻の幸子《ゆきこ》さんや白根開善学校でともに過ごした教員・生徒ら数人と、共同生活を始める。それが「自然生クラブ」の始まりだ。

将来の計画というものはなく、ただ思いのままにやっていく。

まずは皆で昔ながらの農業、つまり持続可能な地域循環を生み出し、自然と共生する有機農業を営み始める。また、日々感じることを絵や舞、演劇、太鼓などの芸術を通して表現し、各自が好きなことを深めていきながら、自給自足に近い暮らしを築いていった。

「そのなかで、もともと農村共同体が内側に持っていた贈与経済（コラム『メキシコ・地域に根ざした連帯経済』でも紹介した、見返りを求めずに他者にモノやサービスを与える経済）を、表に出していったんです。（自然生クラブという）共同体の経済を地域の経済に広げたってことかな」

そして、二〇〇一年に自然生クラブをＮＰＯ法人化。障害者自立支援法（二〇一二年の改正で「障害者総合支援法」に改称。障害者の日常生活及び社会生活を総合的に支援するための法律）が施行された二〇〇六年に「森の家」、二〇一四年に「宙《そら》の家」というグループホームをオープンし、十数人の知的障がいのある若者たちを受け入れる。

「障がい者のために何かやろう、という発想はなかったんです。ただ、一緒にやろうよ、という気持ちで始めました」

そう話す柳瀬さんたちのもとでは、取材した二〇二二年四月当時、二二歳から五六歳までの男女計二二人の利用者が、一三人はグループホームに住み、九人は自宅から通いながら、スタッフと生活していた。利用者は、障害年金で基本的な生活費をカバーしており、農作業などで収穫した作物の販売の売り上げからも、報酬を得る。一方、常勤・非常勤合わせて二四人いるスタッフは、障害福祉サービス事業による報酬と、自然生クラブでつくった米と野菜を「ベーシックインカムとして」（柳瀬さん）受け取っていた。

小さな共同体から地域へ

「自然生クラブ」の一日は、穏やかに、そこに暮らす人それぞれのペースで始まる。朝食は七時半頃からだが、皆が一斉に食堂に集まるわけではない。昼食時は、利用者もスタッフも、好きな場所で食事をとる。食堂で椅子に座って食べている人たちもいれば、隣にある居間のようなスペースで、あるいはテラスで鳥のさえずりを聴きながら、という人もいる。「ここではルールが少ないんです」と柳瀬さん。食事の前後も、ソファに座って絵を描いている女性がいるかと思えば、特製のスティックでペン回しの練習をする青年、新聞を広げる男性、うろうろしている人と、さまざまだ。

一泊二日の取材の初日は、午前中、宅配する野菜の仕分け作業が進められていた。有機栽培の畑で収穫したばかりのブロッコリーやキャベツ、小松菜など、一一種類の野菜が、丈夫な紙袋に詰められていく。年間で約八〇種類は穫《と》れるという。野菜でいっぱいになった袋は、自前の配送車に積まれて、「野菜家族」と呼ばれる定期購入者（約一〇〇世帯の会員）のもとへ届けられる。この日は筑波研究学園都市の一八世帯分を配送した。

自然生クラブでは、米、麦、野菜、自家製大豆でつくるみそを、自給している。この「食の自給」を、地域やつながりのある人々に広げることを目指す。野菜家族の会員も、自然生クラブから近いつくば市、土浦市の世帯が中心になっている。年会費一一〇〇円を支払い会員になった世帯に、毎週もしくは隔週で季節の野菜や米を販売する。配達料は、三人以上のグループなら無料で、個人宅でも一一〇円。遠方に住む人も会員になることはできるが、配送を運送業者に頼むことになるので、持続可能な地域社会を目指すうえでは、自分たちで宅配できる範囲が理想だ。

　昼食後、一部のメンバーが畑に出た。畑は、約三ヘクタールを近隣農家から預かっている。男性数人が、まず畑に撒く「くん炭」（もみがらをいぶし、炭化させたもの。土壌改良に使われる）を軽トラックに積むために、グループホームのすぐそばの沢のほうへ向かう。年齢もさまざまな仲間たちが、冗談を言い合いながら歩いていく。つくっておいたくん炭を積み終わると、畑に移動してそれを撒き、残りの時間はそれぞれのペースで畑に生えた雑草を引く。

　その間、柳瀬さんは、田植えに備え、トラクターを使って代《しろ》かきを進める。そこは、柳瀬さんが農地を買ったり、借り入れたりするための資格を取得して購入した約〇・四ヘクタールの水田だ。稲作をする水田約五ヘクタールの大半は、地中に埋められた水道管で水を供給するタイプの借地だが、ここだけは川から直接水を引き、理想とする自然の循環を生かした伝統的な水田になっている。そこで苗づくりをする。

取材二日目。朝食を終えると、大半のメンバーが山道を下っていく。地域で使われなくなった米倉庫を利用してつくられた「田井ミュージアム」、あの田楽舞のミニシアターがある自然生クラブの施設まで、田畑の間に伸びる道路を二〇分ほど歩いた。

ミュージアムに到着したメンバーは、そこにあるアトリエで、好きな画材を使って絵を描き始める。迷路のような線を重ねていく者、カラフルな画面にたくさんの顔を並べていく者、富士山を繰り返し描く者……。自由な創作が続く。作品のなかには売れたり、ポスターやTシャツのデザインに採用されるなど、利益を生み出すものもある。売り上げは、むろん作者の報酬だ。

一〇時半すぎには、アトリエの隣に設けられたカフェ・菓子工房スペース「ソレイユ」で、自家製のお菓子と自家焙煎《ばいせん》コーヒーやお茶で一服する。新型コロナの流行前は地域のカフェとして営業していた場所だ（現在は予約制）。その後は、スタッフと利用者の多くが、ミュージアム内のミニシアターで、田楽舞の練習に入った。

自由でゆるやか、開かれた共同体

自然生クラブの事務長を務める江口肇《はじめ》さんは、大学卒業と同時に、ここに就職したベテランスタッフだ。筑波大学在学中に環境問題に関心を抱き、環境系サークルで子どもたちとの自然教育活動などに取り組んだ。そんななか、柳瀬さんと出会う。

「ライフスタイルについて話をしていて、ウマが合うと感じたんです。農業をすることの大切さを知って、自給自足の生活のなかに教育がある、と思いました。地域循環のライフスタイルで、衣食住を豊かに楽しく生きることが、教育の第一歩だと思ったんです。人を育てるのは、学校教育だけではありませんから」

自然生クラブには、通常の障がい者福祉施設とは異なり、社会福祉士や作業療法士など福祉を専門に学んだ者は少なく、「ここで利用者と何かしたい」という思いから関わっているスタッフが多い。

利用者もそうだ。人伝《ひとづて》に知って訪れ、ここで過ごすことにした人ばかり。地元・つくば市内に自宅がある人もいれば、他県から来た人もいる。

野菜を定期購入する野菜家族の会員やボランティア、田楽舞などのイベントを訪れる人を含め、自然生クラブに関わる人間は、誰もがつながりに導かれている。

「ボランティア活動をしている人の集まりで知り合った浅草の人たちが、田植えの手伝いにきたり、野菜を購入してくれたり。その人たちの伝手で、その近くの児童館の子どもたちが遊びにきたり。自然とつながりができていくんです」

柳瀬さんがそう表現するように、関わる人たちは自分の意志でそこにいることを選び、自然生クラブという一つの共同体をつくり上げている。

「若い頃は、自分より上の世代の人たちが学生運動をしたり、自分たちの共同体をつくったりしているのを見て、憧れていました。でも、それらの共同体は、ある種、内に閉じられたものでした。それに対して、私たちは、一人ひとりが選んだつながりによってつくられた、ゆるやかで開かれた共同体。一緒にいて居心地のいい、〝テキトー〟な共同体なんです」

言い終わると同時に、大きな笑い声を上げる。この共同体は、とことん肩の力が抜けた空気に包まれている。

競争するより人と環境

ここまで見てきたように、自然生クラブは、町や村といった地縁や空間的つながりを基盤につくられた共同体と異なり、関わる人それぞれが、自分らしく生きるための場を見出していく過程で形づくられていった、ゆるやかな共同体だ。そこでは仕事も娯楽もすべて、各個人にとって独自の学びの場であり、そうやって生きることから豊かな学びを得ている多様な人たちがつながって、一つのコミュニティをつくっている。

一方、地縁を基につくられてきた共同体は、通常、共同体としての伝統や産業、人間関係といったものを持ち、それを変えたり、そこからはみ出したりするのが難しいものだ。例えば、その共同体が、世間一般の競争原理に基づく経済を推進していれば、そこに暮らす人たちにとっては、その方針に沿った働き方や生き方が当たり前となるだろう。豊かさを得るためには、人と競争して勝つことが大前提とされてきた日本社会では、地域共同体においてもたいていはそれが常識となってきた。そこに疑問を抱く者は、異端か落ちこぼれ扱いされるのがおちだ。しかし、そんな風潮にノーを突きつけ、地域共同体を軸としながらも、誰もがより自由に安心して主体的に生きられるコミュニティを築こうとしている場所が、四国にはある。

「みかん農家が生き延びるには、全国の農家と競争するよりも、健康や環境を考えた農業をやるほうがええんやないかと」

愛媛県西予《せいよ》市明浜町《あけはまちょう》（二〇二四年一〇月末時点での人口二六四二）に拠点を置く地域協同組合「無茶々園《むちゃちゃえん》」の創立メンバーで元代表の片山元治《もとおさ》さんは、すべてはそこから始まったと語る。

一九七四年、片山さんたち若い農業後継者の小さなグループが、お寺の伊予柑《いよかん》園を借りて実験園「無茶々園」を設立し、翌年からみかん（伊予柑）の有機栽培を始めた。「江戸時代にはやってたから、やれんことはないんやないかと考えて」と片山さん。それは、当時反響を呼んでいた有吉佐和子《ありよしさわこ》の「朝日新聞」での連載「複合汚染」やレイチェル・カーソンの『沈黙の春』を読み、農薬などによる環境汚染や人体への影響を知った若者たちの挑戦だった。その背景には、みかん農家の危機があった。

明浜町では、半農半漁だった暮らしが、一九六一年、急速な経済成長を目指す政府の方針に

美しいみかん畑で約50年に及ぶ試行錯誤を語る片山元治さん

従って商品作物「みかん」だけをつくる農業生活へと変わる。西日本の段々畑が広がる海岸部は、どこも同じ状況だった。ところが約一〇年後、みかんの木がようやく大きく育った頃に干ばつ、そして供給過剰によるみかんの市場価格の暴落が起き、農家は危機的状況に追い込まれる。それでも当時の農協は、売れるみかんをつくるために農薬や化学肥料などの使用を推奨し、「全国の農家に負けるな、競争せよ」と煽《あお》り続けたという。そのやり方に疑問を抱いた片山さんたちは、有機栽培に取り組んだのだ。

ところが、最初は見かけの悪いみかんばかりで、売れなかった。「対策を考えるために集まっては、農協へのツケで買った酒を飲んでたんで、借金ばかり増えた」と、片山さんは笑う。

そうして迎えた三年目、ようやく愛媛県松山市の自然食品店でみかんを高く買ってもらえたことが突破口となり、有機農業が徐々に軌道に乗り始める。

そこで販路を拡大しようと、東京にある「日本有機農業研究会（ＪＯＡＡ）」を訪ねた片山さんを待ち受けていたのは、予想外の反応だった。

「食べ物は、ただ売れればいいというもんじゃない！と怒られて。生産者と消費者が互いに顔の見えるつき合いで理解し合う、今でいう『産直』が大切だと教えられ、その考えも悪くないなと思った」

それ以来、片山さんたちは、生産者と消費者の相互理解に基づく有機農業を模索し始める。そして、生協を通じた都市の消費者とのつながりを築き、生産者自身が適正な価格を決める産直販売を開始。一九八八年には、無茶々園に参加するみかん農家も六四に増えていた。

そんななか、無茶々園の「社員第一号」となったのが、現在、株式会社地域法人「無茶々園」の代表取締役を務める大津清次《せいじ》さんだ。小学生の頃に親が離農した大津さんは、二〇歳で独自に運送業を立ち上げ、みかんなどを運ぶ仕事をしていた。顧客の一人であった片山さんに、無茶々園で働くよう誘われ、「専務にしてくれるなら」と覚悟を持って引き受ける。

まだ事業の組織化が十分に進んでいないなか、最初の数年間はあらゆる仕事をこなさなければならず大変だったが、片山さんたちとともに、無茶々園がほかの地域や人々とつながり成長していくプロセスに関わることは、楽しかったと振り返る。

「地元のためやから。でも、片山さんの言っていることは最初、何それ?という感じだった。今になってようやく、〝先を読んでいた〟とわかりました」

こうして無茶々園は、一九八九年、農事組合法人となる。

自立したコミュニティを築くための連携

一九九〇年代、無茶々園は、町のさまざまな生産者との連携を進めていく。

畑で食料を生産し、海で魚を獲《と》って売り、山で薪を集めてエネルギーとし、女性たちは機織りをして反物を換金する。昔はそうしてほぼ自給自足の生活が成り立っていた。田舎で自立したコミュニティを築くには、いろいろな事業が存在し、それらが連携することが不可欠だと、片山さんは考える。

一九九一年、台風一九号による塩害で、みかんの木に壊滅的な被害が出たことも、その連携を後押しすることになった。海塩を多量に含んだ強風が吹き寄せたせいで、多くのみかんの木が枯れてしまい、収穫量を取り戻すには一〇年近い歳月がかかるため、減収を補う必要があったからだ。

そこで地元にあるちりめんじゃこや真珠の生産者にも参画してもらい、山と海の生産者が連携して、地域経済の安定と環境保全に取り組むことにする。まず、地元の網元「祇園丸《ぎおんまる》」と提携し、明浜産のちりめんじゃこの販売を開始。その後、やはり地元の「佐藤真珠」の真珠も商品のラインナップに入れた。

祇園丸の佐藤吉彦《よしひこ》さんと息子の哲三郎《てつさぶろう》さんは、無添加と（旨《うま》みが増す）天日干しにこだわる自社生産で、ちりめんじゃこをつくっている。吉彦さんは言う。

「ほかの業者に任せると、加工途中でいろんな添加物を入れられてしまうのが悔しくて、すべて自分で責任を持ってやりたいと思いました」

祇園丸のちりめんじゃこには、山椒《さんしょう》や大根葉、青のりが入ったものもあり、それらの材料は皆、無茶々園の仲間が生産したものだ。

「無茶々園の輪のなかにいると、海のものと山のものを使って、安心安全な商品がつくれる」と、哲三郎さん。父子は、「多くの人と出会い、支え合えることが財産」と、語る。

佐藤真珠の佐藤和文《かずふみ》さんは、真珠の養殖から加工まですべて自前で行っている。高校卒業後、すぐに家業を継ぐのが嫌で大学へ進学して経営学を学んだが、大手真珠会社で三年働いた後に真珠をはじめとする宝石に精通する鑑定士の資格を取り、大津さんの誘いで無茶々園に入った。

「最初は、みかんの仕事ばかりさせられていました」

そう笑う佐藤さんは、真珠をつくるアコヤ貝の減少により、実家・佐藤真珠が危機に陥ったことを受け、真珠生産にも携わるようになる。そんななか、アコヤ貝の減少は海の環境がもとに戻らない限り止めることができないと感じ、二〇二〇年から新たに始めたのが、「すじ青のり」の陸上養殖だ。

環境変化のせいで、すじ青のりも海での養殖が難しくなるなか、隣県にある高知大学が陸の養殖槽で育てる技術を開発。それを教わるために、佐藤さんは毎週、片道四時間かけて大学の研究室に通い、半年で技術を習得する。それと同時に、思い切った投資で養殖設備を整え、今では一年に二トンのすじ青のりが生産できるまでになった。それは祇園丸の「ちりめん青のり」にも使われている。

「乾燥青のりを一トンつくると、二酸化炭素も一トン固定化することができるんですよ」と、佐藤さん。顕微鏡やビーカー、シャーレなどに囲まれての作業を楽しんでいる。

「無茶々園という販路があるからこそ、新しい挑戦ができるんです」

無茶々園では、こうしたみかんではない商品の販売を担うために、一九九三年、農事組合法人とは別に、株式会社地域法人「無茶々園」を設立した。その頃、それからのおよそ一〇年間、地域のみかん農家を二つに分断することになる問題が起きる。スプリンクラー施設を使った農薬散布だ。

一九九四年、みかん農家の間では、無茶々園に入る人が増え、一般的な栽培を続けるか、有機栽培に特化するか、どちらかを選択する流れが進んでいた。同時期に、農協は農作業を楽にするために、五〇ヘクタールのみかん畑にスプリンクラー施設を設置する。そして、その施設を使って水だけでなく、農薬の散布も行うことになる。無茶々園の生産者たちはこれに反対し、スプリンクラーに袋をかけて農薬の散布を回避したが、一般的な栽培を続ける賛成派の生産者たちとの対立は、裁判にまで発展した。一〇年後にようやく、農薬散布を行わない代わりに施設の償還金を無茶々園の生産者が負担することで、合意に至ったが、その背景には、裁判が続く間に生産者が次々と無茶々園に入り、地域の半数以上が農薬散布をやめたという事情があった。

その一方で、長く続けられてきた農薬散布や化学肥料、除草剤などの使用は、すでに地域の自然環境に影響を与えていた。農薬散布の後に体調を崩した生産者もいた。また、気候危機による「異常気象」の影響も加わり、山ではもともといた虫がいなくなったり、大量の害虫やみかんの病気が発生したり、海では海藻があまり育たなくなったり、カタクチイワシが獲れなくなったり。山と海の両方で、環境と生態系に悪い変化が起きていることは明らかだった。

そこで、無茶々園は、住民とともに、山と海の環境を守る活動を展開していく。祇園丸の佐藤吉彦さんは、環境保護・教育活動に関わるようになって、「この地域では昔から魚つき保安林（魚の繁殖、保護を目的として海岸や湖岸に設けられる森林）を整えて、海の環境を守ってきたことに改めて気づいた」と話す。これまでに、子どもを含む地域の人たちと一緒に、廃油からの石鹼《せっけん》づくりや合成洗剤による水質汚染を考える活動、海の緑化のためのワカメの種付け作業、磯焼けを防ぐための対策などを行ってきた。

加えて、山と海の生産活動から生まれる余りものを利用した商品開発も進める。みかんの果皮から抽出した精油や真珠貝パウダーなどからつくったコスメのブランド「ｙａｅｔｏｃｏ」が、それだ。山と海の環境を守り、そこで生まれるものすべてを生かした持続可能な暮らしを築く試みが続く。

多様でユニークな人々の連帯

自立したコミュニティにとって、もう一つ重要な要素は、「人」だろう。地域の外の多様でユニークな人たちともつながることで、無茶々園はその担い手を育てている。

近年、農業に関心を持つ都市の若者が増えつつあるなか、新たに農業を始めたいと考える人の働く場を生み出すために、二〇〇二年、有限会社「ファーマーズユニオン北条」が設立された。現在の有限会社「てんぽ印」だ。明浜町を訪れ、美しい自然とオープンな人間関係のなかに「居心地のよさ」を見出した若者たちが担い手となり、今、明浜町、松山市、愛南町《あいなんちょう》の三カ所で農場を運営し、企業経営型の農産物生産・加工と農繁期の生産者派遣を行っている。

自身も二〇〇六年に新規就農者として無茶々園で働き始めた、石川県出身の代表取締役・村上尚樹《なおき》さんは、初心者として農業に挑戦する醍醐味《だいごみ》をこう表現する。

「できなかったことができるようになっていくので、自分自身の成長を実感できるうえ、その仕事で誰かに喜んでもらえるのがうれしい」

彼らの事業の強みは、農家としてのこだわりや固定観念がない分、自由に新しい挑戦ができることだ。野菜やみかんなどの果物の栽培のほか、祇園丸の天日干し場を借りて切り干し大根をつくることから始めた乾燥野菜・果物の生産・加工も行う。「企業経営型」にしたのは、新規就農者が一人で独立して農業を続けるのは、結構難しいからだ。協同で働き、給金を得る形のほうが、持続性が高い。

「それぞれが自分に合った形で働き、地方生活が当たり前に選択できる社会にしたいんです」と、村上さん。メンバーが独立する際も、「のれん分け」にしてつながりを保ち、生産者協同組合のような形にしたいと考えている。

そんな村上さんを支えるのは、取締役の酒井朋恵《ともえ》さんだ。東京出身で動物好きな酒井さんは、大学で畜産を学び、語学留学したカナダにあるオーガニックファームで研修を受けていた際、無茶々園のことを知る。そして二〇一二年に初めて明浜を訪れ、その翌年には就職していた。ゆるやかに人をつなぐのがうまい村上さんと、てきぱきと人を動かすのが得意な酒井さんは、絶妙のコンビだ。

てんぽ印では、取材した二〇二三年六月、一〇人の日本人スタッフのほかに五人の技能実習生（フィリピン人一人、ベトナム人四人）が働いていた。彼らの故郷ベトナムとの直接交流も始まっている。二〇二三年の春、初めてベトナムを訪れた酒井さんは、実習生の実家を訪ね、ゆったりとした時間の流れや人のあたたかさに触れて、たまに日本人と実習生の間にいざこざが起きる理由がわかった気がすると言う。

「私たちの視野が狭かったんです」

村上さんも、「日本人こそ、違いにもっと寛容になるべき」と話す。

二人は今後もベトナム訪問研修を続けていきたいと考えている。

そのベトナムには、片山さんの発案で、二〇〇八年、現地法人「ファーマーズユニオンベンチャー」が設立されている。無茶々園は、地域の高齢化と人口減少による人手不足を補うために、二〇〇二年からフィリピンの技能実習生を受け入れ始め、二〇〇七年からはベトナムの実習生も受け入れているが、その実習生を出身地で支える体制を整えようと考えたのだ。現地にも仕事を生み出し、持続可能な地域づくりをサポートすることを目指す。

片山さんは、三〇代の頃、町の青年育成プログラムで海外を旅し、途上国の農家の貧困を目の当たりにした。その経験から、実習生をただ労働力として受け入れるのではなく、「現地の農家とのつき合いにせにゃいけん」と考え、彼らの地元にも貢献する事業をつくったのだ。

今、その事業を担うのは、「ベトナムの水が合う」と話す髙埜太之《たかのもとゆき》さん。髙埜さんは、会社員をしていた二九歳の頃、東日本大震災のボランティアで出会った一〇人ほどの仲間とともに、違う生き方を求めてベトナムへ移住し、トマト栽培を始めた。しかし、三年で生産はうまくいかなくなり、大半の人が帰国した時、片山さんたちの事業を知り、ファーマーズユニオンベンチャーに就職した。現在は、技能実習から帰国した人たちの実家である農家など、地元の人の手で生産された胡椒《こしょう》やカカオ、パイナップルなどの果物と、スイカやユウガオなどの種苗を、ベトナム国内や日本の無茶々園が持つネットワークで販売している。

髙埜さんは言う。

「もっと農業や地元農産物に誇りを持って地域づくりを担える人材を、ここベトナムで育てたいですね」

現在、スタッフの八割が地域外出身者である無茶々園は、これからますます多様な仲間を取り込み、コミュニティの輪を広げていくことだろう。

地域協同組合「無茶々園」という主体

「無茶々園が農家組織から、真に〝地域組織〟となったのは、『百笑一輝《ひやくしょういっき》』ができてからだと思っています。福祉事業は組合員のためではなく、本当の意味で地域のために行われているからです」

二〇一三年にできた株式会社「百笑一輝」の存在を、大津さんはそう評する。

大津さんの同級生である清家真知子《せいけまちこ》さんが統括管理を担う百笑一輝は、高齢者のためのデイサービスセンター三カ所、グループホーム一カ所、シェアハウス一カ所を運営し、居宅介護支援・訪問介護・介護タクシーのサービスと学童保育も行っている。清家さんは、一二年間、ほかの社会福祉法人で社会福祉士として活躍していたが、トップダウンの儲け主義が見え隠れする福祉のあり方に疑問を抱き、大津さんの誘いに応じて、百笑一輝の仕事を引き受けた。

「地域の人誰もに居場所があり、皆が互いを受け入れ、支え合って生きていく。それが社会福祉の理念だと思うんです。そうすれば、どんな人も笑顔で自主的に動きます」

そう考える清家さんのもとでは、無茶々園のヘルパー講座を受講した、六割が地元出身という二〇～八〇代のスタッフが働いている。利用者も近隣地域の人たち。互いに気心の知れた者同士だ。

地域組織である無茶々園では、二〇〇四年に傘下の組織から役員を選出し、地域協同組合「無茶々園」（「地域協同組合」という法的枠組みはない）を設立して以来、その組合員である農業・漁業生産者、会社従業員など全員がそこに出資し、一人一票の議決権を持って総会に参加、運営に関わっている。

「皆が主体性を持つことが重要」と大津さん。明浜町では、昔から「班」の仕組みがあり、面倒でも住民皆の話し合いを基本に物事を進めてきた。その田舎ならではの伝統に、大津さんが三五歳の時から三年間出向していたワーカーズコープ連合会（無茶々園も加盟）から得た学びも加わり、地域協同組合という地域内・外での協同の主体が形成されたのだ。

それは、私がよく知る、スペイン各地の「社会的連帯経済（SSE）」を形づくる事業体のネットワーク組織にも似ている。大津さんが「協同組合の強みは、共感力と連帯」と語るように、持続可能なコミュニティを築く主体として、地域協同組合は存在感を示している。

持続可能なコミュニティから主体的な市民がつながる社会へ

実験園から始まって、五〇年余り。農事組合法人としての無茶々園には、今、明浜町とその周辺のみかん農家の七割以上が参加する。そして地域協同組合としての無茶々園は、四国エコネット（二〇〇五年につくられた愛媛県内の有機栽培生産者の集まり）や西日本ファーマーズユニオン（二〇〇七年にできた有機栽培をする西日本の生産団体のネットワーク）などを通じて、より広範な地域、世界を視野に入れた連帯を築くために動いている。創立当初から掲げる、「運動体」としての本領発揮だ。

二〇一六年からは、廃校になった小学校の校舎内に事務所を置いて、ほかの事業所や団体も利用できる環境を整え、地域の自治を育む動きも進む。二〇二三年六月には、労働者協同組合（労協）法人「無茶々園の森」を設立し、協同労働の学習・研修をグループ内に広めるとともに、家の修繕などを担う便利屋、観光事業や不動産事業、再生可能エネルギー事業など、地域に必要な事業を創造し、新しい人を呼び込む活動も始めた。

片山さんは、未来にこんな思いを抱く。

「人間らしく、自由に生きていける世界がいい。それをつくるには、百姓も都市の消費者も、人として、市民として、主体性を持ってつながらにゃいけん」

大津さんも、組織として安定した無茶々園の今後の課題は、片山さんたち創立メンバーがそうしてきたように、「未来に向けて、どれだけ主体的に新しい種を蒔《ま》くことができるか」だと感じている。だから、こう考える。

「海外を含め、地域と地域がつながり、多くの方たちと共感を通してつながることで、少しずつ世のなかが変わっていき、豊かな暮らしが生まれる。そんな未来を、私たち自身の手で創造していきたい」

ＳＳＥの核である「人と環境を軸にした」コミュニティづくりの運動を進めてきた無茶々園。その未来を担う世代が、主体的な市民として、社会全体へ、そして世界へと、どれだけ運動を広げていくことができるか。これからも注目していきたい。

終章　次世代エコノミーの当事者になる

スペインやメキシコの例を交えながら、日本の「社会的連帯経済（SSE）」を担うさまざまな事業や人々を紹介してきた。そこからわかることは、この希望が見えない社会を変えて「希望を胸に未来を生きる」ためには、本気でSSEを広めなければならないということ、そして、その試みは幸いにも、もう始まっているということだ。さらに言えば、これまでその当事者さえ意識していなかったSSEという新たな経済の推進運動が、日本においても積極的に語られ始めており、それが意識される社会をつくろうと動く人々が現れている。

「つながりの経済」を求める市民

二〇二四年一月、一六回目となるワーカーズ・コレクティブの全国会議が、埼玉県川越市で開催された。そのテーマは、「いのちと暮らしを守るあたたかな経済～ワーカーズ・コレクティブで広げよう！社会的連帯経済～」。それは、SSEを広げることを前面に掲げる画期的な会議となった。

この例にも見られるように、今、ワーカーズコープやワーカーズ・コレクティブといった「労働者協同組合（労協）」組織、その労協を含む協同組合全体が構成する「日本協同組合連携機構（JCA）」など、SSEをキーワードとし活動を展開する日本の組織ネットワークが、活力を高めながら拡大しつつある。「社会的連帯経済推進フォーラム」のように、研究者・研究機関などを含むSSEに関わる多様なアクターを束ねる組織も、活動を活発化させている。

SSE関連の組織だけでなく、「地域全体」でSSEを推進しようとする動きも生まれてきた。そのよき一例が、二〇一八年に誕生した「つながる経済フォーラムちば」だろう。

つながる経済フォーラムちばは、千葉県内にある協同組合や社会福祉法人、NPOなどを地域レベルで結びつけるプラットフォームで、県内のさまざまなSSE事業組織が連携することで、地域の社会課題の解決を目指す。しかも、そこにはSSEの事業組織だけでなく、千葉県や千葉市といった自治体や地元企業も参加。年次フォーラムを開催し、年に数回は講演会や学習会、フォーラム賛同人の事業組織の現場見学会なども行っている。特にユニークなのは、SSE推進運動の主体として、地元の「民間企業」の参加が強く意識されている点だ。第一回フォーラムの開催を呼びかける文面には、こう書かれている。

つながる経済とは、法人種別や事業分野を超えて、企業と企業、企業と地域社会、企業で働く人たちが「つながり」、だれもが幸せになることをめざす経済活動をいいます。市場万能主義がもたらす格差・貧困の拡大をくいとめるためには、「企業活動は人間の幸福の実現のためにある」という原点に立ち返る必要があるのではないでしょうか。今こそ、世界に広がりつつある、つながる経済（社会的連帯経済）を拡大することが必要です。

そこに登場する「市場万能主義」は、資本主義経済の核となる考え方だ。それを脱し、「つながり」第一で人間の幸福を実現する経済を築く。そんな意気込みが伝わってくる。

人間の孤立と分断が進む日本社会のなかで、私自身もＳＳＥを「つながりの経済」と呼んできた。その存在に大きな魅力を感じる人は増えている。そのなかには、第一章に登場した創造集団４４０Hzや北摂ワーカーズを運営するメンバーのような、若者たちもいる。あらゆる世代のなかでも最も厳しい現実を生きる彼らは、ＳＳＥに出合うことで自らの人生はもちろん、社会の根本を問い直し、よりよい経済を追求できる世代だ。

実はここ数年、私と本書の写真を担当する篠《しの》田《だ》有《ゆう》史《じ》は、学生たちを連れて、スペインのいろいろなＳＳＥ事業組織や時間銀行などを訪ねる旅（スペイン・スタディツアー、と呼ぶ）を続けている。活気あるＳＳＥの実践を肌で感じ、意識革命を起こしてほしいからだ。旅に参加した静岡県立大学の学生たちは、目の前に広がるＳＳＥの姿に、こんな感想を抱いている。

私がスペイン・スタディツアーで感じたことは、お金が中心ではない社会はつくれるかもしれないということだ。今までこの社会では、お金がないと生活していくことは厳しいと思っていた。お金がないと、大学に通うことができない。いい大学に入るためには、大金を払って学習塾に通うしかない。最近、お金の重要性をひしひしと感じていた。しかし、スペインを訪れ、お金に頼らず、人々が助け合うことで成り立つコミュニティを目の当たりにして、考えが変わった。（中略）首都マドリード郊外の町、リバスで時間銀行を運営している方々に、「今までに利用者の間で（頼んだことの出来に関する）トラブルが起きたことはあるか」という質問をした。すると、「トラブルは、一八年間でゼロだ」という答えが返ってきた。その理由として、「時間銀行は便利屋ではない」と言われた。「みんなで助け合うという哲学のもと、利用者が頼みごとをしている」と。私は、その回答にとても納得した。そして、私が同じ質問に答える際、うまく表現できなかったことは、こういうことではないのか、と気づいた。つまり、大学の時間銀行に参加している私自身も、時間銀行で頼みごとをして、誰かに出会い、依頼をしてもらうという行為自体に重きを置いており、してもらったことの出来は重要視しておらず、損得勘定よりも助け合いの精神を大切にしている、ということだ。

よくある質問として、「人生において重要なものは、お金か愛か」というものがある。この質問に「お金」と答えると、冷酷な奴《やつ》だと思われるかもしれない。しかし、「お金」

と答えた人のなかには、本当は「愛」と答えたいが、この世のなかでは「お金」がないと何もできないという考えのもと、仕方なく「お金」を選んでいる人もいるだろう。では、私がスペインで出会った人々に同じ質問をしたら、どうだろうか。私は彼らの多くが「愛」と答えると思う。もしくは、彼らは人々が迷いなく「愛」と答えられる社会を目指している、とも言える。私たちも、人々が「お金」にとらわれない社会を目指すべきだと、スタディツアーを通じて感じた。

今回のスタディツアー全体を通して感じたのは、SSEは、民主的な運営のもとで自分たちの生活を、自由を、仕事を求めた経済であり、お互いに助け合いながら、資本主義経済のように「利益を生み出す」ことに縛られることなく運営されている、ということだ。そこでは誰もが主体的であり、自分の意見や考えを持ち、互いを尊重しながら運営、生活している姿に、深く感激した。多くの人が笑顔で仕事をし、活動をしており、自分の仕事や活動に誇りを持ち、その価値を感じているのだと思った。

SSEと資本主義経済の違いは、主に「利益・価値の投資先」だと考える。労働は価値を生み、利益を生み出す。資本主義経済はその利益を次の投資に回し、儲けを考えるが、SSEは利益を社会全体に還元すること、循環させることが目的である。また、資本主義経済は利益を重視するが、ＳＳＥはコミュニティ、いわゆるつながりを重視している。多くの訪問先組織が口を揃えて、「私たちはつながりをつくるために存在している」と言っていた。資本主義経済は、誰もが自由を求めることができる経済で国の発展に貢献してきたが、一方で経済格差や富の集中、環境破壊や戦争などを引き起こした。これは自由を求めた結果であり、利益を求めた結果だ。しかし、これは資本主義経済が求めた本来のゴールなのか。私はＳＳＥを知り、日本もシフトチェンジしていく必要があると強く感じた。

これらの声からは、若者たちの「つながり」や「助け合い」「コミュニティづくり」に対する高い関心がうかがわれる。そして彼らは、それらの価値を大切にした経済活動を行っている人々が、「主体的であり、自分の意見や考えを持ち、互いを尊重しながら（事業を）運営、生活している」という点にも注目する。

この視点は、日本で「つながりの経済」を追求していくうえで、とても重要なものだ。つながりの経済の主役となる市民は、まず政治・経済・社会、あらゆる面において、自分の考えをしっかりと持ち、主体的に行動しなければならない。日頃の行動・発言のなかで、「そもそもどんな社会をつくりたいのか」という主体的な見解を示し、ＳＳＥを推進する意思表示をすることが、つながりの経済を広める。言われたことをきちんとこなしていれば、社会はうまく回ると信じてきた過去を捨て、学生たちが感激したような、主体的かつ共感力のある市民となることが、希望の未来への第一歩なのだ。

主体的で共感力のある市民を育てる

主体的で共感力のある市民を育てるために、できることは何か。それは、まず子どもや若者に、ＳＳＥの世界を体験してもらい、そこで主体的に仲間と議論しながら、協同で事を成し遂げる楽しさやすばらしさを知ってもらうことではないだろうか。

日本でも、すでにワーカーズコープやワーカーズ・コレクティブが、大学生を対象に授業（私も時々、講師をする）やワークショップ、インターンなどを実施している。また、スペインでは、協同組合が運営する学校を中心に、小・中学生が自分たちで「模擬労協」をつくり、事業を運営するという体験学習まで行っている。

例えば、首都マドリード郊外にある小学校では、六年生四クラスが、クラスごとに児童協同組合を運営している。子どもたちは、最初に労協の原則や運営について学び、自分たちの協同組合の名称、定款、理事会、事業内容などを話し合って決める。その後、学校から資本金を借り受け（融資）、商品を生産し、その手づくりのブックマークやキーホルダー、手帳などを校内や地域で開くマーケットで販売して、売り上げを「国連難民高等弁務官事務所（ＵＮＨＣＲ）」

に寄付する。この体験をした子どもたちは、「自分たちで考えて物事を進めるのは、楽しい」「協同組合では、私ができないことは、仲間が手伝ってくれるところがいい」と言い、教員たちは、「この活動を通して、子どもたちは自分たち一人ひとりの存在の大切さと、みんなで協力すればより大きな力が発揮できることに気づく」と話す。

バルセロナ郊外にある中学校の生徒たちは、一学年全体で一つの生徒協同組合をつくり、卒業まで協同運営する。理事会のメンバーは定期的に集まり、実施事業（手づくりお菓子の即売会、地域の年少者たちのためのお楽しみパーク開催など）の成果を精査して組合員に報告し、それに基づいて総会で次の事業計画を立てる。この活動をサポートする教員は、「大人に頼らず、自分たちで民主的に協議して、ひとの意見も受け入れながら決断を下していくプロセスが大切です」と語り、理事長を務める生徒は、「この経験は、社会において協同することの大切さを、みんなの心に刻むものだと思います。誰もが自分の考えを表明できて、周りがそれを尊重することが重要なんです」と、活動を評価する。

バルセロナを州都とするカタルーニャ州には、こうした児童・生徒協同組合の連合組織がある。州政府は、社会的連帯経済・協同組合局を通して三年間で一六〇〇万ユーロ（二〇二三年八月時点のレートで約二五億円）の予算をとって、彼らの活動を応援してきた。それと同時に、専門のＮＰＯに「児童・生徒協同組合を実施したい学校の教員に対するワークショップの開催と実施時のアドバイザー」を委託。より多くの学校にも活動を広めようとしている。

日本でも、すでにある活動や枠組みを生かしてでもいい、こうした体験学習の機会を、できるだけ若い世代に広めることができれば、私たちはもっと主体的にものを考え、周りとコミュニケーションをとりながら、協同で物事を成すことのすばらしさを知ることができるだろう。主体的で共感力のある市民は、そうやって育まれる。

地域で育む民主主義

市民がつくるＳＳＥに、もう一つ、欠かせないのが、民主主義を大切にする意識だ。序章で、法政大学大学院の伊丹教授が「ＳＳＥは、万人参加型の民主的な経済を追求することに特徴がある」と述べたように、誰もが安心して生きられる社会に必要な経済をつくるために、私たちは民主主義を理解し、実践する市民にならなければならない。

では、民主主義とは何か。スペイン人にそう尋ねれば、ほとんど必ず「市民参加」という答えが返ってくる。私たち市民一人ひとりが、独自の意見を持ち、それを現実に反映するために、地域の政治・経済・社会に直接参加する。より多くの市民にとってそれが当たり前になってこそ、民主主義の精神に基づく民主的な経済が拡大する。

そこで、今、地域における市民参加を促進するための取り組みが、日本でも広がりつつある。

例えば、福岡県福津市《ふくつ》。福津市は、日本の自治体としてはおそらく初めて「社会的連帯経済」という言葉をまちづくり計画のなかで示し、その基盤として、市民参加型の地域づくりを進めている。二〇一七年一二月から二〇二一年二月まで副市長を務めた松田美幸《みゆき》さんは、韓国で開かれたSDGs国際会議で市民協働のまちづくりについて発表した際に、SSEの理念や政策運営と出合い、市民と行政の協働をさらに拡大・充実させる形で、まちづくり計画を更新した。その計画が、現在も続く。そのなかでも、「福津市未来共創センター キッカケラボ」は、市民協働、公民連携のためのユニークな取り組みだ。

キッカケラボは、市のボランティアセンターを改組する形で生まれ、その運営は、行政と公募で選ばれた事業者が協同で担う。取り組みを担当する市職員、井上真智子さんは、キッカケラボのことを、「福津の未来に向かって何かをしたい人・組織、誰もが集えるプラットフォーム」と表現する。

キッカケラボが開く連続講座「BA-School《バスクール》」は、市民が他者とつながり、まちを動かしていくうえで必要な力を身につける機会を提供する活動として、特に注目される。これに参加した市民は、「実際に自治体と協働する人材に育っている」と、井上さん。

「最初は、つながりがほしい、地域のことを知りたい、と、〝自分軸〟の動機で講座に参加した方が、仲間とともに『私のやりたいこと×まちによいこと』を企画・実施していくうちに、

〝まち軸〟の思考を抱くようになり、まちのよいところ、困っているところへ目を向けて、他者と関わる取り組みを継続することが、よくあるんです」

そんな市民のなかには、東京からIターンで福津市へ移住した後、地域と関わる入り口としてBA－Schoolを受講し、「働く」をテーマにした市民活動を実施し、地域コミュニティの取り組みに参画するようになり、ついにはキッカケラボのスタッフとなった四〇代の男性もいるという。この男性は、勤めていた大手企業を離職し、複数の仕事を掛け持ちしながら、現在では市の審議会の一つで委員も務めているそうだ。

自治体と協働する市民を育てる取り組みは、「一〇年、二〇年、五〇年先、福津市が福津市らしく豊かであり続けるために必要なこと」だと、井上さんは考える。それはまさに、地域に民主主義を根づかせ、誰もが安心して豊かに暮らせる社会を次世代に受け継ぐための大切な一歩だ。

また、東京都杉並区では、二〇二二年六月の区長選挙で、市民主導の選挙戦を通じて「ミュニシパリズム」を掲げる岸本聡子《さとこ》区長が誕生した。ミュニシパリズムは、地域において市民が主体的に政治に参加し、自然環境や公共サービスなど、市民生活に不可欠かつ重要なものをコモンとして自治体が管理する政策をとる自治の実践のことだ。杉並区では実際に、区民が地域の再開発計画などに直接関わる仕組みが始まっている。そうしたミュニシパリズムを支持する市民が、沼津市、京都市、大阪市など、各地で行動を起こしている。

この流れが広がれば、日本社会にも民主主義の精神が根づいていくことが期待できる。

次世代エコノミーの当事者になる

序章で紹介したように、EUでは現在、パンデミックからの復興と次世代の経済を推進するための計画「NextGenerationEU」が実行されているが、スペイン政府は、EUから分配された予算を有効に活用するために、「経済の回復・変革のための戦略的計画（PERTE）」を作成。SSE関連のPERTE遂行を任務とする「社会的経済特別コミッショナー」を、二〇二三年二月、労働・社会的経済省内に新設した。このコミッショナーは、労働・社会的経済省を含む計一〇省が、SSEのPERTEを積極的に実施するようにサポート・調整することを任務とする。その役職に就いたビクトル・メセゲールは、まだ三三歳と若いが、すでに一〇年、EU内でSSEを推進する組織で働いた経験を持ち、自らの任務に情熱を抱く。

「SSEこそが〝未来〟だと信じています。なぜなら、SSEはコミュニティを中心に動くからです。経済がコミュニティ中心に動くようになれば、より堅固な市民社会が築かれます。それこそが、よりよい未来のために一番必要なものです」

つまり、SSEという次世代エコノミーを社会に広めるために最も重要な条件は、経済の主役が地域コミュニティとそこに暮らす市民である、ということだ。

そこで、まず私たちは、自分の身近にあるSSEの事業（スーパー、食堂、福祉施設、金融機関、市民発電、地域通貨など、いろいろ）を知り、それを利用する、あるいはそこで働くなど、できる形でSSEと関わることを始めてはどうだろう。その関わりを通じてSSEの魅力を実感すれば、地域にSSEを広めることで、より人間的で居心地のいいコミュニティを築きたい、と思うに違いない。そう思ったら、同じ夢を抱く隣人、仲間とつながろう。夢を共有する人は、私たちが想像する以上に、大勢いるはずだ。

SSEの事業に直接取り組んでいなくても、いい。人と環境を軸にした民主的で公平な経済を築きたいと、その思いを共有する人たちとつながった時点で、あなたはもうSSEという次世代エコノミーの当事者だ。この社会にすでに存在するSSEの事業組織やネットワークは今、そういう人たちの連帯を築く運動を強化している。

私たち市民の一人ひとりが、当事者意識を抱き、SSEの理念を周りへと拡散、浸透させていけば、地域社会は市民による自治の実践空間へと変わっていく。そんな動きが市民と自治体の協働によって各地に広がれば、経済はもちろん、社会全体がより民主的で豊かなものになるだろう。世界には、そんな社会を目指して活動するSSEの仲間が、そこここにいる。

世界の仲間とつながれば、スペインでSSEと出合った若者たちが夢見るような「お金よりも愛」が大切にされる、人間性豊かな経済・社会が当たり前となる日が来るだろう。これからは、海外のSSEから学ぶのはもちろん、彼らと連携し、私たち独自の意見や提案を投げかけながら、SSEの理念のもとで、世界と協同で豊かな未来を実現していこう。そのための歩みは、もう始まっている。

普通の、働く市民の自覚から始まるこの小さな革命は、必ずや未来への希望につながる変革を起こす力を持つ。その信念を胸に、皆で小さな革命を積み重ねていこうではないか。

世界の未来は、私たちの連帯を必要としている。私たちの描く未来が、世界の次世代エコノミー当事者のそれと重なる時、「希望を胸に生きる未来」が現実となる。

・本書は、集英社のウェブサイト「イミダス」での連載「『社会的連帯経済』への誘い」（二〇二一年七月～二〇二三年九月）をもとに、大幅に加筆・修正したものです。
・登場する人物の役職・年齢などは、取材当時のものです。

写真／篠田有史
図版制作／MOTHER
編集協力／株式会社　集英社クリエイティブ

工藤律子（くどう りつこ）

一九六三年大阪府生まれ。東京外国語大学地域研究研究科修士課程在籍中より、メキシコの貧困層の生活改善運動を研究するかたわら、フリーのジャーナリストとして取材活動を始める。著書に、『マラス　暴力に支配される少年たち』（集英社、第一四回開高健ノンフィクション賞受賞作）、『ルポ　雇用なしで生きる』『ルポ　つながりの経済を創る』（岩波書店）、『ストリートチルドレン』（岩波ジュニア新書）などがある。NGO「ストリートチルドレンを考える会」共同代表。

集英社新書一二四九B

働《はたら》くことの小《ちい》さな革命《かくめい》　ルポ　日本《にほん》の「社会的連帯経済《しゃかいてきれんたいけいざい》」

二〇二五年二月二二日　第一刷発行

著者……工藤律子《くどうりつこ》

発行者……樋口尚也

発行所……株式会社集英社

東京都千代田区一ッ橋二-五-一〇　郵便番号一〇一-八〇五〇

電話　〇三-三二三〇-六三九一（編集部）
〇三-三二三〇-六〇八〇（読者係）
〇三-三二三〇-六三九三（販売部）書店専用

装幀……原　研哉

印刷所……大日本印刷株式会社　TOPPAN株式会社

製本所……株式会社ブックアート

定価はカバーに表示してあります。

ISBN 978-4-08-721349-2 C0236

a pilot of wisdom

集英社新書　好評既刊

遊びと利他
北村匡平　1239-B
公園にも広がる効率化・管理化の流れに、どう抗えばよいのか？「利他」と「場所づくり」をヒントに考察。

ユーミンの歌声はなぜ心を揺さぶるのか　語り継ぎたい、最高の歌い手たち
武部聡志　取材・構成／門間雄介　1240-H
日本で一番多くの歌い手と共演した著者が、吉田拓郎や松田聖子といった優れた歌い手の魅力の本質に迫る。

プーチンに勝った主婦　マリーナ・リトビネンコの闘いの記録
小倉孝保　1241-N〈ノンフィクション〉
プーチンが夫を殺したのか？　真相を追い求める妻に英国やロシアが立ちはだかる。構想十二年の大作。

ヘーゲル(再)入門
川瀬和也　1242-C
主著『精神現象学』や『大論理学』を解読しつつ、「流動性」をキーワードに新たなヘーゲル像を提示する。

東京裏返し　都心・再開発編
吉見俊哉　1243-B
再開発が進む東京都心南部。その裏側を掘り起こす、七日間の社会学的街歩きガイド。

わたしの神聖なる女友だち
四方田犬彦　1244-B
昭和の大女優、世界的な革命家、学者、作家、漫画家など、各領域で先駆者として生きた女性の貴重な記録。

恋する仏教　アジア諸国の文学を育てた教え
石井公成　1245-C
仏教の経典や僧侶たちの説法には、恋愛話や言葉遊びがいたるところに。仏教の本当の姿が明らかになる。

捨てる生き方
小野龍光／香山リカ　1246-C
仏門に入った元IT長者と、へき地医療の道を選んだ精神科医が語る、納得して生きるための思索的問答。

アメリカの未解決問題
竹田ダニエル／三牧聖子　1247-A
米大統領選と並走しつつ、大手メディアの矛盾や民主主義への危機感、そして日米関係の未来を議論する。

はじめての日本国債
服部孝洋　1248-A
「国の借金」の仕組みがわかれば、日本経済の動向がわかる。市場操作、為替、保険など、国債から考える。

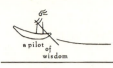